Fuochi Feltrinelli

Franco *e* Andrea Antonello

Sono graditi visi sorridenti

Prima edizione in “Fuochi” novembre 2013

Stampa Grafica Veneta S.p.A. di Trebaseleghe - PD

ISBN 978-88-07-07031-0

Le parti di testo scritte da Andrea sono riportate in corsivo,
mantenendo l'ortografia e la punteggiatura degli originali.

A mio figlio Alberto,
per i giorni in cui non ci
sono stato, sicuro che lui
saprà farne buon uso.
F.A.

Alla vita e a chi me
l'ha donata.
A.A.

ANDREA (2013)

Ciao Andre. Oggi cominciamo i tuoi scritti da inserire sul nostro prossimo libro. Hai qualcosa da chiedere prima che cominciamo?

Il libro muore se manca una introduzione con le palle.

La vuoi fare tu?

Io la devo svolgere franco con cura e riflessione. Ho scritto con testa ogni parola e sicuro

Voglio iniziarlo e finirlo io se per te va bene.

Introduzione e finale sono liberi e aspettano te. Ma di me e te come autori, che ne pensi?

Il bianco e il nero che si completano siamo io e te invincibili frane niente ci separa .

C'è qualcosa che ci vorresti mettere dentro, che vuoi raccontare...

Io piccolo uomo motore di sogni speranze per ragazzi deboli

Vorrei riportare il mio dolore ogni giorno vissuto in un corpo che non ascolta.

Che ne dici se cominciamo da quando ero giovane io, poi arrivi te, e finiamo con quello che stiamo portando avanti insieme...

Giusto autentica verità di vita che scorre .

Ok, cominciamo.

Parte prima
Franco

1.
La decisione

Stasera in cucina sembra il dopo bomba. Hai voglia a pulire mentre lavori, come fanno i bravi chef. Ci sono volte che il lavoro è troppo, e il veglione di Capodanno è una di quelle. E poi non c'è nessuno, che è strano per la cucina, ma il turno della cena è finito e forse i cuochi sono di sopra, oppure fuori a fumare, a riposarsi la schiena, qualcuno in sala a sentire la musica. In attesa del prossimo giro. Penso alla pasta e fagioli che arriverà puntuale alle tre di mattina e mi sale la bile in gola. Anche se la pasta e fagioli normalmente mi piace. E anche se non ho bevuto molto. Anzi non ho bevuto quasi niente, stasera, al contrario di tutti gli altri.

Mi guardo intorno in questo panorama alieno di superfici, all'improvviso mi sembra di stare sulla Luna. Sono come un Armstrong che galleggia su un mondo incomprensibile di resti e scarti che si rapprendono. I piatti impilati formano canyon di ceramica bianca, i vassoi scintillano freddi come crateri butterati dai grumi di carne avanzata. Alla mia destra un battaglione di bicchieri sporchi, opachi di rossetti e ditate, è schierato come se stesse per farmi la guerra. La bile in gola si trasforma in un grumo che non va né su né giù. Armstrong ci è andato, sulla Luna. Io non riesco neanche a uscire da questo ristorante.

Gianna Gianna Gianna non cercava il suo Pigmalione
Gianna difendeva il suo salario dall'inflazione...

La musica di una canzonetta di Sanremo, che in qualunque altra sera mi farebbe anche allegria, filtra nella mia contemplazione delle rovine. L'orchestrina di là ci sta dando dentro in attesa della mezzanotte. È bello pieno di gente, in condizioni normali sarei anche allegro, c'è una bella atmosfera. Ma stasera no, sono girato sbagliato. Torno nella sala grande, c'è vita sulla Terra, non è mica la cucina. Come tutti gli anni, per il veglione sono venuti da Venezia, da Padova, oltre che esserci mezza Castelfranco e dintorni. Le donne sono tutte belle allegre, per l'alcol o la musica o entrambi. Nel centro della sala si balla, in ogni altro angolo si beve. Mi appoggio contro il bancone a guardare un attimo, prima di ricominciare a girare fra i tavoli e servire da bere.

Le pellicce abbandonate sugli schienali delle sedie sembrano il bottino di una scorreria vichinga. Per tacere di milioni di paillette, chili di bigiotteria, chilometri quadrati di lamé e seta e anche nylon. Abilmente manovrate dai locali assi della balera, signore e signorine saltano ridendo nella foga della danza. Un sorriso riesce a farsi largo persino nella mia gola chiusa mentre li osservo, si divertono tanto. Il mio concetto di "famiglia", da sempre, include un po' anche questa umanità, danzante e no. E dopotutto, a dispetto di me stesso, mi è sempre piaciuta questa cosa, l'idea che la gente viene qui e sta bene, e che io sono uno di quelli che la fanno star bene. Quelli che sorridono, quelli che chiedono: "Tutto a posto?", quelli che a un cenno portano il prossimo bicchiere, bello pieno. Ma che dentro, intanto, urlano un urlo lungo una vita.

Diciassette anni, per la precisione.

Ma la notte la festa è finita, evviva la vita
la gente si sveste e comincia un mondo
un mondo diverso, ma fatto di sesso
chi vivrà vedrà...

Dalla folla di corpi che si agitano emerge una ragazza. È una brunetta, strizzata in un tubino rosso vivo. L'effetto complessivo non è male. Un pendente a forma di cuore le si tuffa nel décolleté, scintillando sotto la luce dei lampadari. Va su e giù con il respiro, ansante, per la pausa nel ballo. Lo fisso ipnotizzato, finché il tizio di fianco mi allunga una gomitata.

"Ehi giovane, sta parlando con te!" ridacchia.

Intanto la brunetta m'è arrivata di fronte, oltre al resto ha anche una bocca e mi sta parlando. La musica è alta e devo chinarmi per sentirla.

"Vuoi ballare?" sorride e mi guarda dritto negli occhi.

A una ragazza che vuole fare un giro di valzer non si dovrebbe dire di no. Faccio per togliermi la giacca e mi guardo intorno per vedere se c'è mio padre nei paraggi. Quando abbiamo molto da fare non gli va che perdiamo tempo a far ballare le clienti, però è quasi mezzanotte, probabilmente non farebbe storie. Solo che a metà del gesto mi colpisce un pensiero. Io mica voglio ballare.

Mi stringo nelle spalle rimettendo su la giacca, lo sguardo perso nella folla che si agita. Non ho nessuna voglia di tuffarmi lì in mezzo ma neanche di vedere la faccia delusa della ragazza, poveretta, non ne ha colpa. Solo che non riesco a provare pena per nessun altro che per me stesso, stasera. Scuoto la testa senza fidarmi a parlare, perché il groppo è tornato su. Mi volto, brusco, per uscire dalla sala, dietro sento il mio vicino di bancone che si getta nella breccia: "Ti faccio ballare io, tesoro!".

Ma dove vai, vieni qua, ma che fai?
Dove vai con chi ce l'hai?

La canzone mi insegue mentre attraverso in due passi l'atrio e vado a chiudermi nel magazzino. Di colpo è il silenzio, e la stretta alla gola si allenta. Mi faccio strada nel buio, percorrendo i cunicoli familiari tra le bottiglie, i fusti di birra, i tavoli di ricambio e vecchi mobili. Fino a un angolo riparato dello stanzone dove c'è una pila più bassa di casse d'acqua, tra una torre di bibite analcoliche e un bassopiano di amari e grappe, il posto ideale per incastrare me stesso e i miei pensieri cupi sul futuro. Con un piccolo salto mi siedo sulle minerali, i piedi a penzoloni, le mani intrecciate tra le ginocchia. Tengo la testa bassa e mi cadono i capelli sugli occhi. Non stanno mai a posto, forse sono troppo lunghi. Ma in serate come questa almeno mi sembra che coprano un po' il male di vivere.

Fisso il pavimento pulito, odiandolo con tutto me stesso, per tutto quel che rappresenta. L'ordine e il duro lavoro con cui i miei nonni hanno tirato su questo posto, la disciplina instancabile con cui i miei genitori e i miei zii lo mandano avanti. Un giorno dopo l'altro, una sera dopo l'altra. Un Capodanno dopo l'altro. Penso ai miei amici, che siccome le loro famiglie hanno dei lavori normali e non gestiscono un maledetto albergo, stasera sono da un'altra parte. Neanche gli amici più cari sono venuti a fare i camerieri da noi oggi. Hanno aspettato stamattina a dirmelo, un po' imbarazzati, quelle trentamila lire di paga della serata dopotutto non valgono la rinuncia alla festa, all'euforia di salutare l'anno bevendo con la compagnia, ballando, baciando qualcuna sotto le luci stroboscopiche. Stefano, Luciano, Fabio e Patrizio non sono venuti, e li capisco. A quest'ora saranno in discoteca, a divertirsi. Non vestiti da camerieri a far divertire gli altri. Li capisco, ma fa un male boia. Sono attraversato da una fitta di rabbia acuminata, stemperata dalla tristezza. Ho diciassette anni e per la diciottesima volta sta per cominciare un anno che non mi appartiene. Un altro anno lontano dal mio sogno di fare qualcosa che decido io, non qualcosa che è stato deciso e costruito per me. Un altro anno nell'albergo di famiglia, in cui vivo da quando sono nato e lavoro da quando mi ricordo, l'albergo che un giorno, in quanto primogenito del primogenito di mio nonno, sarà mio, da gestire insieme a mio fratello Gianni.

Fuori, nell'entusiasmo generale, scocca la mezzanotte e comincia il 1979, il rumore di botti e brindisi e canzoni si fa strada persino nel silenzio del magazzino. Non corro fuori a unirmi al coro, tanto non c'è proprio niente da festeggiare. Anzi. Un altro anno senza via d'uscita. Una lacrima, una sola, mi brucia attraverso la guancia, mi sembra di sentire il rumore che fa cadendo sul pavimento, lo stesso di una tomba che si chiude.

È lì che mi esce dalla gola, scardinando tutto, il giuramento.

Io no, io mai. Non è solo che non ce la faccio più a sopportare che i miei amici siano a divertirsi e io sempre a lavorare. È che sto perdendo tempo e questo non posso accettarlo. Io qua dentro non sto vivendo la mia vita e non avrò mai la possibilità di viverla, sarà finita prima ancora di cominciare se non faccio qualcosa per scappare.

Io no, io mai. Io questo albergo e questo ristorante non li voglio, questo lavoro non lo farò. Magari ne farò un altro, non so quale, ma un altro.

Io no, io mai. Lo giuro. *Me lo giuro.*

2.
Un ragazzo

Anche gli ultimi nottambuli se ne sono andati dai bar della piazza. Gli affreschi e le colonnine sulle facciate dei palazzi guardano in basso qualche coccio e qualche mozzicone rimasto per terra. Cola giù luce dalle mura del castello. La solita luna butta l'occhio sul portone dell'Hotel Roma. Sono le tre e mezzo del mattino.

Quello lì che esce sono io.

Mi stringo nel giaccone e affondo il viso nella sciarpa, nell'aria chiara d'inverno. Uscire dal letto a quest'ora è sempre una faticaccia. Ma mi guardo intorno e il brivido che sento non è di freddo. Sono padrone di quella lunga piazza. L'avventura potrebbe essere lì, acquattata nel fosso del castello alla mia destra. O lì, tra gli archi dei palazzi alla mia sinistra. O nelle ombre del portichetto del Bar Borsa, là in fondo.

Poi il rombo asmatico dello zio Andreino che mette in moto il Fiat mi ricorda che, anche stamattina, l'avventura mi aspetta al mercato ortofrutticolo di Treviso, sotto forma di casse da caricare. Anche così, salgo su quella specie di cremino ambulante – la metà di sopra del furgone è marrone, quella sotto beige – quasi con un balzo. Sono mesi che lo faccio, ma andare al mercato tre volte la settimana mi piace. Mio zio, al volante, ha l'aria intirizzita e un po' scontrosa.

"Coraggio zio," gli dico allegramente, "è solo lunedì."

"Non so come fai a essere così pimpante a quest'ora. Beata gioventù."

"Dormo dopo a scuola." Non è vero, ovviamente: a scuola sto sempre attento. Altrimenti poi mi toccherebbe studiare a casa, e per quello davvero non ho tempo.

Infatti mio zio non mi crede e fa un mezzo sorriso: "Quando poi prenderai la patente, al mercato ci potrai andare da solo".

Non rispondo. La patente si prende a diciotto anni. Ne mancano quattro, non voglio pensare così in là. Vuoi mica dire che sarò ancora qui a portare a spasso le verdure nel cremino ambulante?

La spesa del lunedì è sempre impegnativa. Al ristorante dell'albergo non è rimasta neanche una lattuga, i matrimoni del finesettimana hanno dato fondo a tutto quel che c'era di fresco in dispensa. Mi fanno già male le braccia al pensiero delle cassette di frutta e verdura, ma in realtà l'atmosfera del mercato al mattino mi piace. Tutte quelle file e file di banchi affaccendati, gli altri ristoratori che si salutano, i cuochi che arricciano il naso sulla merce, i fornitori che mi riconoscono, qualche pacca sulle spalle, qualche "In gamba, eh?" mentre ondeggio carico di carciofi. Mi sento uno degli uomini di casa. In effetti, se tra i "piccoli" ce n'è uno, sono io: sono il maggiore. In famiglia siamo sette figli. Cioè, cugini.

Forse è meglio che vada con ordine.

La mia è una famiglia patriarcale. Fino a pochi mesi fa c'era un solo capo, mio nonno. È morto d'infarto lo scorso aprile. A condurre l'azienda di famiglia, l'Hotel Roma con il ristorante, il residence e tutto il resto, sono rimasti i suoi tre figli maschi con le rispettive famiglie. Mio padre è diventato capofamiglia per abbandono, insomma. Lui è il maggiore, poi c'è lo zio Rino, il diplomatico di famiglia, e poi quest'altro zio che sta discutendo sul prezzo delle mele. E i figli appunto sono sette, almeno per ora. Solo uno di loro è mio fratello, Gianni, che ha due anni meno di me, gli altri sono figli di zii, ma non sto tanto a distinguere tra fratelli e cugini. Viviamo talmente tutti insieme. Il ruolo che mi sento è quello di capobranco, naturalmente, perché sono il più vecchio.

"Franco, vieni a prendere le mele prima che questo filibustiere alzi di nuovo il prezzo!"

Gli è passato il sonno, a mio zio. Fa sempre così, quando arriva qua è come se suonasse la sveglia e parte a caccia degli acquisti migliori, non lo ferma più nessuno, non gli sfugge un aumento di prezzo, un dito sulla bilancia, fa gli affari più veloci del West. Il Tex Willer dell'ortofrutticolo.

È invece la moglie dell'altro fratello, la premurosa zia Maria, che ci aspetta con la colazione quando torniamo alla base, alle sette e mezzo. Mentre gli altri escono a scaricare, mi avvento su un panino al prosciutto e una Coca. Un po' strana come colazione? Boh, sono in piedi dalle tre, per me è come se fosse mezzogiorno. È nei momenti come questo, quando si sente un po' la stanchezza, che arriva l'altra zia, Paola, rotondetta e gioconda, e canta, canta sempre le canzoni d'amore. Salgo a sciacquarmi faccia e denti nella mia stanza, la numero 57, e incrocio mia madre che esce dalla 63, di fronte.

"Non dovresti essere già uscito?"

"Sono anche rientrato."

"Ah certo, è lunedì. Però sbrigati che fai tardi a scuola."

Sta esagerando, la scuola è a duecento metri. Avanti lungo la piazza, poi volto a destra ed entro fra le mura del castello. In meno di dieci minuti sono nel cortile del Conservatorio.

"Ehi Franco!"

"Ciao Franco!"

"Bella partita, ieri!"

La mia popolarità aumenta, al lunedì, se il giorno prima ho fatto gol, e ieri ne ho fatti due. Sono il capitano della squadra e questo è anche il motivo per cui abbiamo le maglie viola: mio zio, che ce le ha procurate, tiene per la Fiorentina. Una passione che mi ha trasmesso: giochiamo la schedina ogni sabato, la domenica tifiamo De Sisti, Superchi, Chiarugi, Hamrin, i nostri campioni "meno che ovvi". Già, perché le squadre per cui tifare qui a Castelfranco sono altre, la trinità: Juventus, Inter, Milan. E io no. Loro hanno già un sacco di sostenitori, mi sono detto, non hanno alcun bisogno di me. Così tengo per i viola. Forse non ce la faranno mai ad arrivare in vetta, ma se per caso ci riusciranno sarà bello il doppio.

Immerso in pensieri calcistici, attraverso il cortile di buonumore, fa freddo ma c'è il sole e cammino tutto dritto, mi fa sorridere incrociare i compagni con gli occhi cisposi di chi è piombato giù dal letto da meno di mezz'ora. Io sono in piedi da quasi cinque, penso passandomi una mano sull'avambraccio muscoloso. Sì, li guardo un po' dall'alto in basso. Sono soddisfazioni minime, dato che tra pochi giorni, nel finesettimana, loro saranno in giro a far casino e io al ristorante a portare l'insalata alla sposa di turno.

Entro in classe e come al solito arriva Roberto, che il sabato e la domenica non riuscirebbe a studiare neanche con una pistola puntata alla tempia.

"Franco, hai fatto i compiti di inglese? Me li passi?"

Glieli passo, cosa mi costa. A me l'inglese fra l'altro piace, ho scelto il Conservatorio proprio perché in tutte le altre scuole erano restate solo classi di francese. Gli insegnanti sono rimasti spiazzati, al colloquio.

"Che strumento vorresti studiare?"

"La chitarra."

C'è stato un attimo di gelo.

"Non si insegna chitarra, al Conservatorio."

Ah. Peccato, gli altri camerieri più grandi dicono che è utile per rimorchiare le ragazze. Ma qua a me interessa l'inglese. Se per impararlo devo anche diventare musicista, poco cambia.

"Allora fate voi."

Mi hanno guardato come un marziano, forse "fate voi" non glielo aveva mai detto nessuno. Però mi hanno esaminato le mani, la schiena, la bocca, i denti, poi: "Contrabbasso".

Avrò i denti da contrabbassista, che posso dire. Mia madre era perplessa, non è che io abbia mai dimostrato talento musicale, al massimo canto sotto la doccia e sono molto più magro di Pavarotti. Mio nonno però mi appoggiava, per lui d'altra parte era una lingua familiare, dopo i quindici anni da emigrante in Australia che si era fatto per dare un futuro alla famiglia. Diceva che l'inglese sarebbe servito sempre di più, per il ristorante. Non gli ho mai detto che l'inglese mi servirà anche per tante altre cose.

Almeno lo spero.

"Ah, Franco, sei tornato. Quando hai finito con il caffè puoi venire un attimo di sopra? Tua madre e io vorremmo parlarti."

Mi fermo, con il vassoio a mezz'asta, e guardo mio padre, ma si sta già allontanando, con in mano il conto del tavolo sedici. La voce era seria, ma non arrabbiata. Penso lo stesso, in fretta, a cosa posso aver fatto. Punto della situazione, Franco. A scuola tutto bene: mi sono perfino offerto volontario per l'interrogazione di matematica. Con i cugini, problemi zero: nessuno si è fatto male di recente, niente litigi grossi, almeno non che io sappia, e lo saprei. Albergo, tutto regolare: gli ospiti mi sembrano contenti. Mamma? Qualcosa che non va con mamma? Mi trema la mano, sotto il vassoio.

"Vorrei un po' di latte, per favore."

Abbasso gli occhi sul cliente, che mi guarda interrogativo, e per un momento non lo vedo, non capisco di cosa stia parlando.

"Un po' di latte?" ripete.

Torno in me, ma certo, il latte.

"Vado a prenderglielo subito." Vado verso il bancone e tra i miei pensieri si fa largo un fastidio familiare. Questa è una delle cose che non mi piacciono, essere sempre al servizio. Non è neanche male tornare a casa da scuola e scegliere il pranzo dal menu del ristorante, oggi penne all'arrabbiata, e quelle del cuoco sono arrabbiate sul serio. Non mi secca fare i compiti così, con il quaderno di fianco al piatto e il libro appoggiato al bicchiere, tra il vociare dei piccoli di casa. E non mi pesa portare i caffè agli ospiti che hanno finito il pranzo, proprio questo è il mio lavoro, tutti i giorni. Ma questa cosa che sei a disposizione, di continuo, che i bisogni di quella persona sono automaticamente più importanti dei tuoi, che sei immerso nei pensieri e quello ti chiede del latte, ecco, a volte mi sembra di non riuscire a sopportarla. Magari è una sottigliezza. Magari è assurdo. Ma mentre verso il latte nel bricco, mi sfugge uno sbuffo di stizza.

Sono ancora un po' teso quando vado di sopra, perché non ho smesso di preoccuparmi. Busso alla porta della 63. Non ci vado quasi mai. La vita di casa – questa casa che gli altri chiamano Hotel Roma – si svolge in comune, al piano di sotto. Si mangia insieme al tavolone, noi ragazzi mentre i genitori servono il pranzo: prima mangiavamo con il nonno. Si gioca insieme nel cortile e nella piazza. Si parte, di tanto in tanto, in comitiva, per i Magazzini Mazzorato a comprare i vestiti per la tribù intera: le spese familiari le decideva il nonno e tutti ci dovevamo adeguare. E si parla, se capita, appoggiati agli infissi nelle pause fra un tavolo e l'altro, oppure dietro al bancone o nella lobby, sempre con qualche ospite che passa e ti saluta.

Non ci si fa granché visita nelle camere.

Per cui entro nella stanza 63, vedo mia madre e mi vien fuori uno "Stai bene?" anche piuttosto ansioso.

"Ma certo che sto bene. Perché?" Sorride. Quasi mi viene rabbia per essermi preoccupato. La verità è che non sono un tipo ansioso, ma da quando il nonno ha avuto l'infarto mi capita più spesso di pensare alle cose brutte che possono capitare. Era un tiranno, come no, ma era anche una bella sicurezza, averlo lì a decidere tutto per tutti.

"Franco, hai pensato a cosa vuoi fare a settembre?" mi chiede mia madre.

Sarebbe questo il grande tema della chiacchierata? Le scuole superiori? Allora facciamo presto, io ho già deciso.

"Ragioneria." È stata quella che si dice una scelta intellettuale. Alcuni dei camerieri che servono ai tavoli nel weekend fanno ragioneria, mi hanno detto che le ragazze più belle di Castelfranco sono lì. Sono i miei modelli, da loro cerco di copiare gli atteggiamenti, e giorno dopo giorno imparo un po' di tutto, dall'amore alla filosofia. Soprattutto Ugo e Checco. Ugo è un vero intellettuale, capace di cercare – invano – di spiegarmi la "semantica dell'immagine" mentre sistema polli alla diavola sul vassoio. Checco è pieno di saggezza mondana, come dimostra il fatto che ha una fidanzata stupenda. Di cui dice: "Sì, è la più bella. Ma ricordati che la ragazza con cui tu stai è sempre e comunque la più bella di tutte. Per te".

Lezioni di vita che mi torneranno utili in seguito, per ora il problema non si pone. Rispetto ai miei amici con più tempo libero, sono un po' indietro nelle questioni sentimentali. Magari a ragioneria le cose cambieranno.

Con mia madre faccio la faccia seria. "Lo sai che vado bene in matematica," le dico.

Annuisce, le leggo i pensieri sulla faccia. Ragioneria è la scelta ideale per uno che deve gestire un hotel.

"Ah, Franco, sei già qui." Mio padre entra insieme ai miei due zii. Cos'è, una riunione di famiglia? Ma stavolta non mi preoccupo perché hanno tutti una faccia buffa, da cospiratori soddisfatti.

Allora capisco. Ma dai, tutto qui.

"Buon compleanno, caro," mia madre non riesce più a trattenersi e mi tende le braccia. La abbraccio forte, sono già alto come lei. È il 3 febbraio del 1975, il mio quattordicesimo compleanno. Sento mio padre che si avvicina e mi stringe una spalla.

"Auguri, Franco," si schiarisce la voce. "Per il tuo compleanno abbiamo pensato che... Be', che puoi avere il motorino."

Vittoria! Non nascondo il mio trionfo.

Quella del motorino è stata una dura battaglia. Mio nonno non voleva, è morto senza cambiare idea. D'altra parte mio nonno "non voleva" un sacco di cose. Per esempio, era proibito andare a mangiare fuori. Mi ricordo la volta che a mia madre venne la pazza idea di andare a farci una pizza a Bassano con mio padre, me e Gianni, dovevano esserci pure un paio di zii, eravamo un bel gruppetto. Uscimmo dall'albergo quasi con le scarpe in mano, la sera, per non farci beccare. Un'avventura, tutti zitti, la tensione nell'aria, sembrava la fuga dal campo di prigionia. Ma proprio mentre ci stavamo stipando in macchina ecco che si apre una finestra. Un boato.

"Dove state andando?"

Deve essersi sentito così Adamo, quando lo chiamava il Padreterno. Mio padre pestò sull'acceleratore così di colpo che la macchina rischiò di fermarsi. Mentre ci allontanavamo, a balzi da motore ingolfato, nella piazza, mi aspettavo quasi che mio nonno tirasse fuori la doppietta e ci sparasse alle gomme.

Sì, non gli piacevano un sacco di cose. Però ci manca.

Torno sulla Terra e nella stanza, stupito che mio padre si sia lasciato convincere. Anche lui era contrario al motorino. Zio Andreino era l'unico con cui avessi qualche chance, e ce l'ho messa tutta per sfruttarle al meglio. Tutte quelle albe nel furgone andando al mercato: ogni santa volta ho perorato la mia causa di povero ragazzo senza ruote e senza motore. Ho persino fatto ricorso alle minacce: "Se non mi aiuti a ottenere il motorino non vengo più a scaricare la frutta".

Non poteva dirmi di no. E infatti eccoci qui, da dietro le spalle di mio padre lo zio Andreino mi fa un segno di vittoria, gli sorrido.

"Che dici, Franco, andiamo a prenderlo?"

Prima vado a prendere i soldi. Perché il patto, quello che avevo proposto a mio zio, è questo: il venti per cento del motorino me lo finanzio io, con la mia paghetta del lavoro al ristorante. Di più non posso, ma così mi sembra giusto, mi sembra un segno. Il restante ottanta per cento lo zio Andreino lo preleva dalla cassa del ristorante, come si fa con tutte le spese di famiglia. Gli porgo solennemente il mio contributo.

Il viaggio fino a Scorzè, dove c'è la fabbrica dell'Aprilia, è uno dei più lunghi della mia vita. Mi sembra di non arrivare mai. Ma alla fine eccoci. Ed eccolo.

Inforco il mio Scarabeo Aprilia e lo sento già, che diventerà una malattia. Lo so che senza questa emozione non potrò più stare. Torno a casa in sella al mio bolide, dietro lo zio che è risalito in macchina. Rientrato a Castelfranco, faccio un trionfale giro della piazza, passo davanti al Bar Borsa, sgaso verso il Caffè di Mezzo, mi sbraccio per salutare gli amici che sono già lì davanti, ondeggio pericolosamente, riprendo il controllo.

Non mi fermo subito a far ammirare il motorino. Imbocco la strada dritta accanto all'hotel ed esco da Castelfranco. Ho bisogno di sgranchire le mie nuove ruote, la testa troppo piena di questa cosa. Ecco la sensazione del vento che diventa più veloce tra i capelli, del mondo che ti passa accanto, dell'essere una cosa sola con il motore e il metallo che ti portano dove vuoi, una sensazione di libertà. Sale a ogni chilometro la voglia di tuffarmi nella vita, senza paura. Decido io dove andare, e verrà la vita intera.

3.
I sogni, nel cassetto

Stefano avanza dritto per la sala, con il vassoio pesante degli arrosti ben piazzato sull'avambraccio. A non conoscerlo, sembra il cameriere modello, nella sua camicia bianca, il farfallino dritto, la giacca. A conoscerlo come lo conosco io, sta per combinarne una. Mentre fingo di sistemare le bottiglie dietro al bancone, lo tengo d'occhio. E infatti.

Si china appena per servire la cliente, con l'aria ossequiosa. È quando ha quell'espressione lì che è più pericoloso. Con destrezza maneggia la pinza per riempirle il piatto, un bel pezzo di tacchino, due fette d'arrosto con l'intingolo. E con altrettanta destrezza, mentre inclina il vassoio, fa colare il sugo oleoso dentro la borsetta aperta, appesa alla sedia. Un filo sottile precipita come fosse seta, si interrompe quando raddrizza il vassoio, non sfugge una goccia. È un artista, Stefano. Patrizio è il più diabolico ed è meglio che non dica cosa ha usato per mescolare la macedonia, di là in cucina.

E io? Io sono il figlio dei padroni, per fortuna e purtroppo. Figurati se non mi piacciono gli scherzi, però se un cliente non torna è da *me* che non torna. Se facendo casino si rompe un piatto, è il *mio* piatto.

Una porta è la *mia* porta. A volte tutti questi piatti e queste porte mi pesano come se li avessi sulle spalle. Che sono belle solide, ma però.

Mentre passa al cliente successivo, Stefano guarda verso di me e strizza uno di quei suoi occhi azzurri. Mi scappa un sorriso, cosa vuoi dirgli? È uno dei nostri trucchi preferiti, il sugo nella borsetta. Una volta, in una, Patrizio ha infilato una bistecca intera. E giù a ridere immaginando la faccia della signora che avrebbe aperto la borsa per cercare le chiavi o il fazzoletto ritrovandosi in mano una bistecca. Altre volte abbiamo provato a far colare il sugo nei colletti delle camicie, ma in genere se ne accorgono subito e le situazioni possono rivelarsi sgradevoli. Soprattutto se c'è in giro mio padre.

"Vuoi tenerli a bada, quei guastatori dei tuoi amici? Non li pago per rovinare i vestiti degli ospiti!"

La verità è che quando, ogni tanto, vengono a lavorare al ristorante, le serate sono un po' meno deprimenti. Dopo sedici anni che vivo tutti i giorni in questo posto, di cui cinque di servizio a tempo pieno ogni sera e weekend – per tacere dei caffè da servire tutti i santi giorni all'una di pomeriggio di ritorno da scuola – qualunque cosa possa aiutarmi a superare l'ennesimo matrimonio è la benvenuta. E pazienza se qualche ospite ci rimette la borsetta. Comunque sbircio gli stivaletti Peter Flower di Stefano, che ha appoggiato nell'angolo perché non si rovinino, e penso che stasera gli ci verso dentro un po' di grasso, così impara.

Pian piano il turno del pranzo finisce, gli ospiti colano fuori dalla sala, sparecchiamo veloci i tavoli e li riapparecchiamo, perché questi alle otto torneranno per cena. Però fino ad allora il sabato pomeriggio è nostro.

"Liberi!"

Ci precipitiamo di sopra nella stanza 57 sfilandoci le giacche per le scale, buttiamo sul letto i vestiti da sala in una confusione di farfallini, gambe di calzoni, maniche. Mi infilo una camicia nuova, blu scuro con dei disegni bianchi, bella lucida, aderente, con le punte del colletto lunghe.

"Ma guarda un po' che damerino," mi fa Patrizio. "Devi vedere quella dell'altra settimana?"

"Quella quale?"

"Quella quale?" mi scimmiotta Luciano facendo una voce da Marlon Brando.

"Ma sentilo, il *cucador*!"

"Tipo, quella che non ti si è staccata di dosso tutto il pomeriggio l'altra settimana, e quando ce ne siamo andati a momenti piange?" La voce di Stefano arriva dal bagno.

Patrizio mi si appiccica svenevole: "Caro, vorrei che questo ballo lento non finisse più," mormora in una pessima imitazione della ragazza dell'altra settimana, che peraltro era due sabati fa, e poi non l'ho neanche baciata. Lo spingo via con la faccia disgustata e grugnisco qualcosa ma avvampo in viso, lo fanno apposta. Però ridono, e viene da ridere anche a me.

"Forza, piantiamola che facciamo tardi!" Patrizio mi dà una spinta fuori dalla stanza e corriamo lungo le scale. Ho il motorino dal meccanico, e prendiamo le bici. Due su una Graziella, due sull'altra, e via, da qui alla discoteca Nuovo Mondo ci sono quattro chilometri, e abbiamo meno di quattro ore prima del turno della sera.

Molliamo le bici un po' più giù lungo la strada, e arriviamo alla discoteca attraverso il parcheggio, facendo finta di aver lasciato lì la macchina, per sembrare più grandi. Io e Patrizio davanti, Luciano e Stefano dietro sembriamo davvero i quattro moschettieri, come ci chiamano. Entriamo e vengo colto dal solito momento strano. Sono disorientato. Non vengo qui tanto quanto loro, e infatti mi sembra che loro in un attimo indossino la sala, le luci, la musica. Io mi sento goffo, un po' fuori luogo, fuori fuoco. Poi scrollo le spalle. Be', dai, buttiamoci.

"Eccola là." È Stefano a indicarmi la ragazza dell'altra settimana, dandomi di gomito. "Sta con delle amiche, perfetto."

Raddrizzo le spalle e mi faccio largo verso il tavolino, cercando di mascherare il fatto che l'ho puntata dall'altra parte della sala, ma come se stessi andando nella sua direzione così, in modo naturale. Con tre amici intorno che ti danno delle pacche sulla schiena e dicono oscenità non è tanto facile. A pochi passi di distanza abbasso lo sguardo, è chiaro che mi ha visto avvicinarmi ma anche lei fa un'espressione stupita, il gioco è questo. È proprio carina, bruna, con i capelli mossi, le labbra morbide.

Inghiotto la prima cosa che mi verrebbe da dire, un terribile "Anche tu qui?" da vecchia signora al tè della parrocchia. Penso in fretta, la frase di apertura è importante. Poi, colto da ispirazione, tendo la mano.

"Ti sono mancato?" chiedo, e per miracolo la voce non mi viene fuori né forte né bassa, né stridula né impostata, insomma è proprio giusta. Per una volta non penso alle facce e alle risatine trattenute dei moschettieri dietro di me. E proprio come in un film, lei mi prende la mano e si alza.

"Balliamo?"

Ci scateniamo insieme in pista e dopo quattro ore di pranzo di nozze con l'ennesimo taglio della cravatta, l'ennesima torta, gli ennesimi baci degli sposi, ne ho proprio bisogno. Lei è brava, si vede che viene qua spesso, si muove come se fosse fatta di mercurio.

"Bella camicia!" mi grida. Sotto le luci, il bianco dei disegni scintilla. I miei amici e le sue amiche sono intorno a noi sulle piastrelle lucide da cui rimbalzano i colori e la musica. Penso che la vita dovrebbe essere sempre così. Ballare, stare con la gente che ti piace, ridere. E baciarsi, aggiungo mentre comincia un lento e la stringo: stavolta sì.

Non ho poi messo il grasso negli stivaletti di Stefano, anche perché non ne ho avuto il tempo: per cena stasera i matrimoni erano due. Quasi cinquecento persone, tra la sala grande e la piccola. Due torte, due cravatte, innumerevoli baci degli sposi. Mentre correvo fra i tavoli il mondo fuori non esisteva, la discoteca e la ragazza castana e quanto ero stato bene, tutto lontano. Un turbinio di piatti da cambiare, bottiglie da portare, primi e secondi e contorni e dolci. Tempo per gli scherzi, figurarsi. Neanche un secondo per fare un tiro dalla sigaretta che Lino, il capocameriere, muratore dal lunedì al venerdì e maître nel weekend, si dimentica sempre sullo scaffale all'ingresso della cucina.

Adesso è finita e una sigaretta me la concedo, tutta intera, su una sedia fuori nel cortile. Rovescio la testa all'indietro, sentendo la stanchezza nelle gambe ora che ho finito di correre. È l'una passata e le stelle occhieggiano fra i tetti, la notte profuma di erba tagliata. Sento dei passi dietro di me.

"È quasi estate."

Annuisco nel buio. "Dopodomani. Il 21 giugno, solstizio d'estate," mi vien fuori chissà perché.

"Bravo, sempre il primo della classe, te."

"Eh già, un vero genio." Soffio uno sbuffo di fumo ironico verso il cielo.

"Peccato che nel tempo che ci metti a fare un tema io ne scrivo cinque," questo è Patrizio, emerso dal ristorante. Mi volto.

"Sì, e peccato che tu non sappia neanche la tabellina del due, invece," ribatto.

Siamo in classe insieme e il minimo che si può dire è che abbiamo talenti diversi. In effetti, non ho mai detto di voler fare il letterato. Già, e invece cosa voglio fare? So solo che quello che *non* voglio fare mi è sempre più chiaro.

"È quasi estate," ripeto le parole di Stefano. "E anche quest'anno si fa la villeggiatura a singhiozzo."

Da sempre le mie vacanze funzionano così. Non si va lontano, al mare a Jesolo, o in montagna in qualche posto vicino alle Dolomiti, e se c'è bisogno di aiuto all'albergo, per qualche matrimonio o perché arriva un gruppo di turisti, si torna giù. Quando ero piccolo, mio nonno affittava una grande casa per tutti per due mesi, e poi si facevano i turni. Nelle nostre due settimane mia madre restava su fissa con Gianni e io e mio padre facevamo avanti e indietro, due o tre volte alla settimana, i weekend sempre a Castelfranco. Tre giorni di vacanza di fila erano un lusso, per me, a tredici anni. E anche adesso non è poi molto diverso. A parte quest'anno, in effetti...

In quel momento Luciano si affaccia fuori a chiamarci: "È pronta la pasta!".

Balzo dalla sedia, mi accorgo che sto morendo di fame. Siamo tornati dalla discoteca sul filo del secondo, abbiamo subito cominciato a correre, e non c'è stato tempo di cenare. In cucina, mia madre sta scolando gli spaghetti per i superstiti della serata. Poi li versa dentro la pignatta con il fondo dell'arrosto, il sugo e i pezzettini di carne, saporitissimo. Solo il profumo mi fa quasi svenire, mentre allungo le mani verso il piatto. Non sarà il cibo più raffinato del mondo, ma mi sembra che non mangerò mai più niente di così buono. Anzi, lo so, con una di quelle certezze-lampo che ti colpiscono nei momenti più impensati: questo degli spaghetti rigirati nel sugo dell'arrosto è un profumo che mi rimarrà dentro.

Ancora zavorrati di pasta, ci cambiamo di nuovo jeans e maglietta e corriamo fuori. La notte calda e profumata ci chiama. Poco lontano dall'hotel c'è la piscina comunale. Chiaro che non è aperta di notte, questa è Castelfranco Veneto, non Las Vegas. Chiaro anche che non ci interessa: se la staccionata fosse a Las Vegas la scavalcheremmo lo stesso, proprio come stiamo facendo ora.

"Evvai!"

Spruzzi e schiamazzi salgono verso la luna immobile di giugno e in poche bracciate mi tolgo di dosso tutta la stanchezza. Nuoto con foga, come per scappare dai pensieri. L'acqua è il mio elemento, mi ci sento libero. Poi mi appoggio con la schiena al cemento e guardo il cielo, respirando forte. Luciano si avvicina.

"Ehi Frank," dice piano.

"Ehi."

Non serve altro, con Luciano. È un compagno di avventure da sempre, conosce i miei demoni.

"Però il mese prossimo parti, chissà che viaggio," dice dopo un po', come se aggiungesse una postilla a un lungo discorso.

"Meno di due settimane." Sembra un'eternità e insieme un attimo, terribilmente breve. Passerò il mese di luglio in un posto vicino a Londra a fare un corso di inglese. Non so come gli sia venuta quest'idea, a mio padre, ma ho l'impressione che gliel'abbia suggerita uno degli ospiti. Forse l'ingegner Ragaglia.

"Londra, pensa te," commenta Luciano. "Magari vedi la regina."

"Sicuro, abbiamo già appuntamento per il tè." Sbuffo. "E poi scusa, con tutte le ragazze che ci sono a Londra, proprio una regina ultracinquantenne devo vedere?"

"Già, chissà quante te ne farai..." replica ridendo. "Sono famose, le inglesi."

Non è che l'argomento mi lasci indifferente. Però è solo una delle calamite che mi attirano verso questa avventura. La prima volta che esco dall'Italia. Una lingua diversa, un mondo diverso. Ebbene sì, sono un po' spaventato. Perché non capirò una parola, mi hanno detto che la cucina inglese fa schifo, Londra è grande e mi perderò nella metropolitana, mi investiranno le macchine che guidano dalla parte sbagliata della strada, infrangerò qualche legge locale che non conosco e verrò arrestato dai poliziotti a cavallo e rinchiuso nella Torre di Londra (abbiamo studiato che era lì che decapitavano i prigionieri e mi ha fatto davvero impressione). E magari alle ragazze inglesi piacciono solo i ragazzi inglesi e me ne dovrò tornare a casa con le pive nel sacco.

Ci sono molte ragioni per essere spaventato, insomma. E una sola per non veder l'ora di partire. Io scelgo di concentrarmi su quella lì. Non so cosa succederà. E nella mia vita, fatta di routine immutabili, è una sensazione così bella che supera ogni timore.

"I carabinieri!" avverte Stefano in un grido sussurrato. Ci acquattiamo tutti dietro al bordo più in ombra, bassi sul pelo dell'acqua, mentre la pattuglia allertata dai nostri tuffi o da qualche vicino passa lenta sulla strada. Non hanno voglia di scendere dalla macchina, come sempre. Sono obbligati a venirci a cercare, ma non vogliono trovarci. Per dirci cosa poi? Che preferirebbero essere nell'acqua anche loro?

Mi dà un certo conforto pensare che anche loro non possono fare tutto quello che desiderano, come me.

Quando sono passati, nuotiamo ancora un po', poi ci sdraiamo sull'erba appena tagliata. Tempo due minuti avrò un prurito pazzesco, ma per ora voglio sentire solo la luna, sulla pelle.

"Allora, domani partita?" chiede Patrizio. Giochiamo entrambi nel Giorgione, la squadra di Castelfranco. Ogni domenica, anche d'estate, qualcuno da battere lo troviamo sempre.

"Mi sa che giochiamo fuori, domani," dico. È sempre un po' più faticoso, quando la squadra è in trasferta, perché poi devo precipitarmi a casa per il matrimonio dell'una. "Dovremmo vincerla, però."

"Perché, ti viene a vedere la tipa della discoteca?" scherza Stefano.

"E piantala con questa storia!" Devono sempre far così, come se fossi chissà quale dongiovanni. In realtà di ragazze io ne voglio solo una. Chissà... "Dovremmo vincerla perché siamo più forti noi."

"Mica è detto che vinca il più forte," osserva Luciano.

"Sì che è detto." Non mi piace dare la colpa al terreno, alla pioggia, alla marca delle scarpette da calcio, alla colazione della mamma. "Vince chi si gioca meglio la partita, e basta."

4.

Pensando alla vita

Luna non dirmi che a quest'ora tu già devi scappare
In fondo è presto l'alba ancora si deve svegliare...

Spengo la radio. La sento dappertutto 'sta canzone, accidenti. C'è una specie di battaglia al bar di quelli di sinistra: un tizio – mi sa che non è proprio dei loro – mette Gianni Togni a ripetizione nel jukebox e un altro contrattacca con i Pink Floyd.

All in all were just another brick in the wall...

Quella mi piace. Ha un ritmo forte, che ti fa arrabbiare. Però ammetto che in questi giorni qualche volta mi sorprendo a canticchiare Togni, invece. Ti rimane appiccicata.

Come adesso, per esempio.

"Vedrai saremo un po' felici, e forse molto più che amici, Luna..." Esco dalla *mia stanza*. Fa ancora un certo effetto chiamarla così, anche se di fatto è solo una mezza stanza: da una ne abbiamo fatte due, mettendo in mezzo un armadio gigantesco, da parete a parete. Di là ci sta mio fratello Gianni. Scendo in cucina.

"Ciao Franco." Mia madre sta mescolando il sugo in una padella. Mia madre ai fornelli, roba da pazzi. Nella nostra cucina, del nostro appartamento, dove da poco viviamo solo in quattro: lei, mio padre, io, mio fratello.

È la cosa più normale del mondo, per gli altri. A me, che per tutta la vita ho mangiato in un ristorante e dormito in un albergo, adesso sembra di stare in una di quelle serie americane che si vedono in tv. Mi aspetto sempre di veder entrare il signor Cunningham, invece di mio padre. Faccio quello che farebbe Richie.

"Ciao mamma." Annuso l'aria. "Cosa c'è di buono?" mi siedo a tavola, allungo automaticamente una mano verso il menu. Che non c'è, però.

"Ho provato a fare quel sugo che mi ha detto la zia, quello con i funghi. Com'è andata a scuola?"

"Bene, benissimo."

Si volta con un sopracciglio inarcato.

"Cos'avete combinato?" chiede, sospettosa. È dalla gita dell'anno scorso che me la mena con questa storia che mi diverto solo a far danni, che i miei amici sono dei teppisti. Ma dai. Solo per quella porta che abbiamo buttato giù a calci all'ostello di Firenze, e d'altra parte cosa potevamo fare, erano le quattro e ci avevano chiusi fuori. Poi abbiamo fatto pure una colletta.

"Ma niente, cosa vuoi che abbiamo combinato, mica siamo dei delinquenti, mamma."

"E allora, se non avete fatto qualche goliardata, cos'è quell'aria soddisfatta che hai?" incalza, decisa a non darsi per vinta.

A spiegarle il mistero è Gianni, che entra in quel momento con la grazia da bisonte dei suoi diciassette anni.

"Non è soddisfatto, è imbambolato. C'ha la morosa, a scuola." Afferra una mela dalla ciotola sulla credenza e le dà un morso da staccarsi un molare.

"Ah, ti sei fatto la fidanzata? Che bello," commenta mia madre, guardandomi con occhi ancora più attenti. Non è un "che bello" proprio convinto. Lancio a Gianni una di quelle occhiate tipo "dopo facciamo i conti" e mi stringo nelle spalle.

"Già," dico soltanto, e non posso impedire a una nota di soddisfazione di infilarsi nella mia voce. Aveva proprio ragione Checco: la tua ragazza è sempre la più bella del mondo. Mi viene quasi voglia di mettermi a parlare di lei e non fermarmi più. Quasi, però. "Guarda che ti si brucia il sugo," dico invece a mia madre.

"O santo cielo!" Riprende a mescolare forsennata nella padella mentre Gianni si siede a tavola.

"E dai, mica volevi tenerlo segreto, è una bella cosa, no?" Siamo sempre vicini, due fratelli pronti l'uno per l'altro se serve, ma le nostre vite seguono percorsi diversi, altri luoghi, svaghi, amicizie. Va bene così. "Te la sposi?" aggiunge.

"Cosa vuoi capirne tu. Comunque sì." Non sono mai stato così sicuro di niente in vita mia. Mi rigiro attorno al dito le frange della tovaglia e penso che tra qualche anno davanti al fornello ci sarà la mia donna, nella nostra cucina, nella nostra casa.

"Be', intanto vedi di finire le superiori," dice mia madre spegnendo il fuoco e spostando la padella dal fornello. "E poi l'anno prossimo..." si interrompe e per far qualcosa assaggia la pasta, ma ormai il danno è fatto. Lo sa che odio sentirmi ricordare che, finita ragioneria, dovrò partire militare. Non c'è scampo, dopo la scuola si parte. Alcuni miei amici si sono pure trovati bene, dicono che si imparano delle cose, che si diventa uomini. Io invece immagino che sarà un incubo. Un anno buttato nel cesso. Non ci voglio pensare ma ormai ci sto pensando, mia madre lo sa e per distrarmi mi ordina: "È quasi pronto, vai a vedere se tuo padre riesce a venir su".

Prendo il passaggio che porta al ristorante, che alla fine non è lontano, nello stesso complesso del residence. Sono pochi mesi che abbiamo lasciato le stanze e ci siamo trasferiti in questo lusso tutto nostro di due camere, salotto, cucina e bagno. Anche gli zii e i cugini hanno le loro case adesso, basta stanze d'albergo. Un po' mi manca il tavolo affollato, il menu da cui scegliere. Trovo mio padre nel magazzino che prende una cassa di bottigliette di chinotto.

"Aspetta, ti aiuto." Sollevo la cassa senza fatica, ormai sono più forte di lui.

"Grazie," fa lui, andiamo dietro al bancone e comincio a infilare un po' di bottigliette nel frigo.

"Mamma dice se puoi venir su che è pronto." Raddrizzo la schiena e me ne stappo una, mi è venuta voglia di chinotto. Faccio una smorfia, è caldo. Mio padre sorride e scuote la testa.

"Non impari mai ad aspettare, tu, eh?" Mi dà una spintarella. "Portala su e mettila in frigo, va là. Di' alla mamma che arrivo subito."

Invece quando finalmente lo vediamo entrare, la sua pasta è quasi fredda. Mamma l'ha coperta con un piatto, ma noi siamo già al secondo.

"Scusa sai, l'ingegner Arcari aveva voglia di chiacchierare."

Quando i clienti hanno voglia di chiacchierare c'è poco da fare: loro sono quasi parte della famiglia. Sono ingegneri e manager che in genere arrivano da Milano per aiutare gli imprenditori locali a gestire le loro aziende cresciute troppo in fretta. È un bel momento, qua, dopo tanta povertà, ma anche l'abbondanza può esploderti tra le mani e far male, se non sai controllare il cambiamento. Così gli imprenditori più accorti chiamano degli esperti che si intendono di gestione, di finanza, di Borsa. Arrivano di lunedì, si piazzano all'albergo, di venerdì tornano dalle famiglie a Milano, e avanti così tutto il mese, tutto l'anno. Ormai li conosco come se fossero parenti: Ferrari, Ragaglia, Fortuna, Arcari... Da un paio d'anni mi portano anche fuori la sera, qualche volta. Dai loro discorsi assorbo come una spugna vita, professione, atteggiamento.

Con i miei mangiamo senza tanto chiacchierare. Non ci siamo ancora abituati a questa situazione, noi quattro chiusi in una stanza, senza gente attorno, senza zii, cugini, clienti. Il primo giorno si poteva proprio sentire la tensione, come quando entri in un posto in cui non ti senti a tuo agio. C'era un silenzio da tagliare con il coltello. Poi, piano piano, ci abbiamo fatto il callo. Più o meno. Comunque è questione di un paio d'ore al giorno, anche meno. Finisco la mia bistecca e vado a mettere il piatto sporco nel lavello.

"Vado giù dai caffè," dico.

Certe cose non cambiano mai.

"Stiamo pensando di dividere le proprietà," me lo dice così, senza preamboli, a voce bassa. Non perché sia un segreto, ma perché è questo il tono che ti viene durante il turno di notte, nella lobby deserta, in penombra a parte la luce gialla sul bancone. La radio suona piano qualche successo di un paio di anni fa, ne è appena passata una degli Abba che conosco, questa invece non so di chi sia anche se l'ho già sentita. Non mi ricordo mai i nomi dei gruppi, ma in genere mi va bene quello che mette il dj. Penso che da qualche parte, là alla consolle, sta cercando di captare il mio umore e di mandarmi la canzone giusta, anche stasera. A me e a qualche altro migliaio di persone.

Mi piace fare il turno di notte con mio padre, d'estate, quando non c'è scuola. Capita tre o quattro volte alla settimana. Certo, vuol dire che non sono in vacanza, ma cosa c'è di nuovo. E, ovvio, non posso andare fuori a far casino con gli amici, tanto per cambiare. Però qualche volta non è male starsene così, noi due uomini di casa a fare i conti e magari a parlare delle cose importanti. Molto importanti, stasera. Non so neanche bene come rispondergli.

"Cavolo," riesco a dire.

"Non è proprio inaspettato," mi fa notare lui. In effetti qualche accenno c'era stato. Ma sembrava una di quelle cose di cui si parla sempre e che poi non succedono mai. Invece, se hanno cominciato a parlarne sul serio, è la volta che succede. Ci vorrà qualche mese o più probabilmente qualche anno, ma il processo è cominciato e non si fermerà. Dopo il trasferimento negli appartamenti separati, ecco che i tre fratelli alla fine si dividono, a ciascuno il suo ramo d'impresa.

"Non pensavo che lo avreste fatto sul serio," dico. "Sembra strano."

Lui annuisce. "Sembra un po' strano anche a noi, ai tuoi zii, a tutti. Ma voi state crescendo, il mondo sta cambiando, lavorare così tutti insieme non è più il modo giusto."

Non gliel'ho mai detto, ma è esattamente quello che sostengono anche gli ingegneri. Ferrari me lo ha spiegato spesso, che la famiglia che lavora compatta va benissimo per una situazione tipo il dopoguerra, o gli anni cinquanta e sessanta quando erano tutti così poveri, ma adesso l'economia decolla e se uno vuole far crescere la sua attività deve organizzarsi in un altro modo.

"Magari anche qualcuno degli ospiti ti ha detto la stessa cosa." A volte sembra che mio padre mi legga nel pensiero.

"Sì."

Nella lobby scende il silenzio e giurerei che si è anche abbassata la temperatura, come quando entra uno spettro. Probabilmente quello di mio nonno.

"Non sarebbe contento." Non ho bisogno di specificare il soggetto.

"No. Ma i suoi erano altri tempi."

Da quando ha cominciato a parlare mi guardo le mani appoggiate sul bancone. Sono forti, dure, abituate a lavorare. Non si butta via un momento a casa mia: "Finché ti riposi, dai una scopata alla sala", "Mentre sei lì seduto, asciuga i bicchieri" sono le frasi che sento più spesso. Infatti lo slogan di famiglia è "Ritmo, velocità, costanza". Sono diciannove anni che me lo sento ripetere. E se devo dire la verità mi sembra anche un buon consiglio, non ho niente in contrario a impostare la mia vita su queste cose. Non qui, però.

Alzo gli occhi dal bancone e guardo mio padre, è più basso di me e anche un po' stempiato ma mi sembra un gigante da affrontare. Bisogna che gli spieghi come la vedo. Anche lui mi sta studiando, gli occhi attenti dietro gli occhiali. Non ha avuto una vita facile, prima gli anni a Roma a lavorare in quella rosticceria, per risparmiare i soldi che servivano a metter su questo posto, poi qui a consumarsi la vita tra albergo e ristorante, ventiquattr'ore al giorno, sette giorni alla settimana, agli ordini di mio nonno, poi agli ordini del mondo creato da mio nonno.

"Papà, ma a te chi te lo ha fatto fare?" chiedo.

Potrebbe rispondere "tu" e farmi sentire in colpa: in fondo è vero che lui e i suoi fratelli hanno sempre lavorato pensando ai figli, a lasciarci un'azienda sana, un futuro. Solo che io non voglio che mi si lasci un futuro. Voglio farmi il mio.

Invece si toglie gli occhiali e li pulisce con cura, sta prendendo tempo. Non risponde alla mia domanda, forse una risposta vera non c'è. Ne fa una lui, centrando il problema come al solito.

"Te, cosa vuoi fare?"

"Io l'albergo non lo voglio," butto fuori nell'unico modo in cui posso dire una cosa del genere, cioè di colpo, come uno sparo. Me ne accorgo che sono brutale, ma so fare solo così. D'un colpo è come se mi fossero crollate sulle spalle tutte quelle ore a servire ai tavoli delle nozze. Tre spose alla settimana. Cinquanta settimane. Otto anni. Fa milleduecento matrimoni, uno più, uno meno. È così strano, non farcela più? "Voglio fare qualcos'altro."

Lo guardo negli occhi, da uomo a uomo. So che ci può leggere la mia determinazione, e sul fondo anche il mio dispiacere perché non posso diventare quello che non sono.

"Che cosa, lo sai?" chiede rimettendosi gli occhiali. Scuoto la testa, e c'è un altro lungo silenzio. Poi aggiungo: "Neanche Gianni lo vuole, il ristorante". Non è vigliaccheria tirare in ballo mio fratello, è che credo gli renderà la decisione più facile. Perché può essercene una sola.

"Tua madre ne farà una malattia," sospira.

Lo so. L'albergo e il ristorante, il cuore dell'impresa di famiglia, spettano a mio padre, il primogenito, e a lei, sua moglie. Da sempre doveva essere così, e lo so che ha già capito che non voglio continuare su questa strada, che ci sta male e che spera che io cambi idea. Ma lei le sue scelte le ha fatte, maledizione, e non può fare anche le mie.

"E tu? Ne farai una malattia?"

"Franco, io ne ho passate di peggio." Mi batte una mano sulla spalla, in un gesto di comprensione goffo che quasi mi commuove. "Prenderemo il residence, e lasceremo l'albergo a tuo zio. Non posso dire che non mi dispiace. Però è la tua vita. Tu puoi fare qualsiasi cosa ti metta in testa di fare, lo so. L'importante è che tu scelga bene e che sia felice."

Per mio padre è un discorso lunghissimo. Ho l'impressione che sia invecchiato almeno dieci anni, nel pronunciarlo. Mi salvano dalla commozione un paio di ospiti che rientrano da qualche avventura serale.

"Buonascera! O magari buonsciorno?!" ci salutano, con la giovialità alcolica delle due di notte.

Mio padre sospira: "Questi è meglio che li accompagni," dice, premuroso come al solito. Prende le chiavi delle stanze, esce da dietro al bancone e va a prenderli per scortarli sani e salvi. Sale le scale con loro, uno da una parte e uno dall'altra, come due carabinieri sbronzi.

Rimango solo nella lobby in penombra, con una sensazione di leggerezza e insieme un po' di tristezza. Mio padre non si rimangerà la parola, per quanto mia madre possa torturarlo. Dunque, non sarò un ristoratore, è deciso. Non ho dubbi di aver fatto la cosa giusta, ma perché deve essere sempre tutto così difficile? Da dentro la radio, quel dj dalla consolle mi dà una specie di risposta: qualcosa o qualcuno si mette sempre in mezzo, tra noi e la vita che vorremmo.

'Cause we are livin' in a world of fools
Breaking us down
When they all should let us be
We belong to you and me...

5.
Il primo volo

Un'altra anziana signora, e questa somiglia proprio alla mia nonna. Sono quelle che mi fanno più rabbia. Hanno l'aria un po' timorosa di chi entra nelle fauci del mostro sacro sperando che non morda, stringono la borsetta come temessero una rapina, e forse la loro intuizione è giusta. Là dentro c'è la pensione, o tutti i risparmi, o due lire allungate da un figlio per qualche ricorrenza o per un sussulto di gratitudine.

"Vada via, signora! Vada via, è pericoloso!" Supero con un balzo atletico il bancone che ci separa, in due falcate le sono accanto, e con un placcaggio degno di un campione di rugby le impedisco di raggiungere la sua meta e tirar fuori le banconote.

Magari.

Invece no. Invece, come tutte le altre volte, me ne sto zitto e fermo. La guardo entrare dalla mia posizione privilegiata al tavolo un po' defilato in fondo, quasi nascosto dal bancone alto di legno massiccio dietro cui stanno allineati i cassieri, come una prima linea del fronte. In realtà questo non è più il mio tavolo da parecchio, mi avevano piazzato qui appena arrivato ma ormai sono quasi due anni che lavoro su all'ufficio titoli. Qualche volta però vengo ancora a sedermi qui, osservo la gente che entra, e sto male.

Per il resto del tempo sono al piano di sopra, calcolo i rendimenti degli investimenti, e sto male. Non c'è una gran differenza. Però almeno da lassù non vedo le anziane signore e non mi viene voglia di salvarle.

"Ma chi vuoi salvare, Franco. Se non sai neanche salvare te stesso." Scuoto la testa, amaramente. E mi accorgo che stavolta invece ho parlato a voce alta, perché Bruno, poco più in là, mi guarda stupito. Alé, mi metto anche a parlare da solo, così finisco al manicomio, che comunque sarebbe un passo avanti, rispetto alla banca.

Già, sono finito in banca.

Peggio ancora, sono finito in banca ben due anni e mezzo fa, subito dopo il militare, e visto che per me la banca è come un proseguimento del militare, vale a dire che sono già tre anni e mezzo di naja.

Prima di tutto, sono sempre in divisa. Sembra strano che abbia questo problema uno che per una vita ha servito ai tavoli, vestito di tutto punto e con farfallino, ma il completo da bancario mi fa lo stesso effetto della mimetica nell'esercito. Goffo e soffocante. Ci sono pomeriggi in cui giurerei che la cravatta, dotata di vita propria, si stringa pian piano cercando di strangolarmi.

Seconda cosa, ripeto giorno dopo giorno gli stessi gesti ossessivi e inutili. Di là montavo la guardia in cima a una garitta, con due giubbe e due grappe in corpo per difendermi dal freddo dell'inverno di Palmanova, in attesa di un nemico immaginario. Di qua monto la guardia al lento, o a volte veloce, accumularsi di soldi che vanno ad arricchire gente già ricca – e intendo i proprietari della banca, non certo i miei colleghi o i correntisti. In entrambe le situazioni, l'anima avvizzisce e muore, dopo un po'. Quando entro al mattino, la sento accartocciarsi.

E poi c'è la cosa peggiore, che è la voglia di urlare. Per vedere se in questa specie di grigio universo immobile si incrina qualcosa ed entra la vita. Una sera, su quella garitta a Palmanova, una sera che la testa era troppo affollata di domande senza senso tipo dove andrò, cosa farò, cosa diventerò, ho urlato davvero. Nell'aria chiara della notte friulana, mi è sembrato che dovessero sentirmi in tutto il mondo, in Cina, in Patagonia. Ho pensato: adesso mi sparano. Invece non se n'è accorto nessuno, come se stessi montando la guardia a una caserma fantasma. Magari anche adesso, se urlassi, non si volterebbe nessuno. Se urlassi per mettere in guardia l'anziana signora che non è questo il modo più saggio di investire i risparmi, nessuno mi sentirebbe.

Il problema è che la prima a non sentirmi sarebbe l'anziana signora, che probabilmente è un po' dura d'orecchi.

Mi avvio verso le scale per tornare al piano di sopra, odiando ogni passo sotto questi soffitti eleganti da palazzo antico, in mezzo a questo mobilio massiccio, tra queste pareti grigie con i poster della banca, gli avvisi all'utenza, le circolari. Passo accanto alla signora, la sento dire a Bruno: "Devo fare un deposito, caro".

Digrigno i denti e tengo lo sguardo fisso sul pavimento e penso: no, non è la banca il mio destino. Chiedo di più a me stesso.

"Ohi, Franco!"

Alzo gli occhi di scatto.

"Ma dai, Alberto! E che ci fai qua?" Era un mio collega, ma da almeno sei mesi non lavora più in banca. Lo osservo come si guarda un prigioniero che è riuscito a scavare il tunnel e ti saluta dall'altra parte del filo spinato.

"Sono venuto a chiedere delle informazioni. Oh, e tu, come va?"

"E come vuoi che vada, siam sempre qua, una rottura di coglioni."

Ed è lì che la sua risposta mi spiazza, anche perché non ci pensa neanche un minuto. Con un colpetto sulla spalla mi dice: "Scusa, ma allora vieni a lavorare con me".

"Tu che lavoro fai?" è la domanda più logica, ma all'improvviso non me ne frega assolutamente niente del suo lavoro. Voglio farlo anch'io. Lo so con certezza cristallina, come una premonizione se fossi uno che ha le premonizioni. In realtà preferisco le certezze. E in questo momento sono sicuro di averne abbastanza, della banca. Definitivamente.

Così non lo sto neanche ascoltando quando comincia a spiegarmi, perché sono già oltre, e forse se ne accorge, o forse gli viene in mente che non è il posto né il momento giusto per fare 'sti discorsi, perché si interrompe e mi dice: "Senti, facciamo che vengo qui alle cinque e mezzo, quando esci, andiamo a bere qualcosa e ti spiego".

Le cinque e mezzo ci mettono almeno settantadue ore, ad arrivare. Ma finalmente esco dalla banca e comincio subito ad allentarmi la cravatta, la tolgo con uno strappo rabbioso come chi non la rimetterà mai più. Ovviamente non è così, ma anche solo il gesto mi fa stare bene. È sempre il momento migliore della giornata, ma oggi lo è molto di più. Alberto mi aspetta al bar per spiegarmi i dettagli di questa sua nuova vita che, l'ho già deciso, sarà anche la mia.

Esco dall'ombra del portico. Di fronte a me, sull'altro lato della piazza, la torre del castello, con il grande orologio e l'arcata che porta all'interno, è avvolta dalla luce calda del tardo pomeriggio. È il 5 settembre, ancora estate. E l'autunno promette bene.

"Mi è arrivata la paga." Entro in cucina dai miei guardando per terra. So che sembro il figliol prodigo. Non sono stati per nulla contenti, i miei, sei mesi fa, quando mi sono licenziato dalla banca. Ho consegnato la lettera di dimissioni alle otto di mattina del 6 settembre, quattordici ore dopo aver parlato con Alberto e il suo manager Nembo, che nel frattempo è diventato una guida, un mentore. A dispetto del soprannome – il nome vero è Umberto – non è affatto uno che gioca a fare il supereroe: "Se vuoi fare qualcosa di grande, costruisci ogni giorno piccole cose" è la sua frase che preferisco.

E sono andato a fare il suo lavoro, che è il consulente finanziario per Fideuram.

"Stai pochissimo in ufficio" sono state le prime parole magiche del mio amico. "Devi prendere appuntamento e andare a casa della gente a spiegare i prodotti finanziari che vendiamo."

"Che sono diversi da quelli della banca, giusto?"

"Diversissimi. Alcuni più rischiosi, come no. Ma anche i meno rischiosi in genere danno interessi migliori. E si può arrivare al venti per cento, anche oltre."

Altre parole magiche. Quella sera mi ero rivisto davanti agli occhi la vecchietta del pomeriggio. Solo che nella mia mente, invece che guardarla entrare in banca e allungare al cassiere i suoi risparmi, per cui la banca le avrebbe riconosciuto un misero interesse del cinque o sei per cento investendoli per guadagnare il venti o il venticinque, andavo io a casa della vecchietta. Le spiegavo cosa fare, dove metterli quei soldi, come non farsi fregare.

Lo so, sembra sciocco, ma quella sera mi ero sentito investito di una missione. Per tutte queste anziane indifese. Per tutte le famiglie che mettevano via, fra i sacrifici, qualcosa per il futuro dei loro figli. Il Robin Hood del piccolo risparmiatore.

"Idealista, ingenuo, e incosciente" erano state le parole più gentili di mia madre. S'era immaginata il figlio già sistemato e futuro direttore di banca, e guarda cosa le combinavo. Mio padre aveva taciuto, ma gli leggevo negli occhi che anche lui avrebbe voluto darmi uno scapaccione, come ai vecchi tempi. Non era stato un annuncio facile, insomma.

E adesso, a distanza di qualche mese, lasciata la banca, cominciato il nuovo lavoro, ecco che mi presento a casa con questo assegno, il mio compenso a provvigione. Guardando per terra.

"Eccolo, il cavaliere della Tavola rotonda," sbuffa mia madre. "Guarda che faccia. Ti hanno dato lo stipendio e ti sei accorto di quanto era bello avere quella cifra garantita tutti i mesi, eh? Te, ascoltare mai. Devi sempre sbatterci la testa, contro le cose."

Fa l'arrabbiata ma mi vuole bene e le sento vibrare la preoccupazione nella voce. Adesso che mi è andata male chissà in che guai potrò mai cacciarmi, per la delusione. E poi ora con quali soldi metto su casa, come creo il mio futuro? Come faccio a sposarmi? Ci teneva tanto alla cerimonia in chiesa, lo so che sono mesi che mette da parte i soldi per il vestito in una busta. Sento quasi le parole che turbinano nell'aria attorno a me, mentre fisso le piastrelle di graniglia della cucina.

"Magari, se parlo con il direttore, ti riprende." Mio padre cerca di metterci una pezza, come al solito. "Dai, dei posti se ne liberano sempre. Vedrai che uno lo ritrovi."

Di fronte alla sua voglia di essere utile mi vergogno un po', capisco che non posso più andare avanti a torturarli. Alzo gli occhi, li vedo trasalire per la luce di trionfo che ci brilla dentro, il sorriso che non riesco a spegnere da quando ho aperto la busta.

Sbatto l'assegno sul tavolo magari con un po' troppa forza, ma non posso farci niente, finalmente mi sento come Armstrong che mette piede sulla Luna.

"Eccolo, lo stipendio."

Rimango il minimo indispensabile per godermi le esclamazioni di stupore, le risate, i baci, le congratulazioni, anche i rimproveri per aver messo in piedi quella scena. Mi sento un grande attore. Il numero uno, almeno per un momento. Quell'assegno è per una cifra che non avevo mai visto tutta insieme. Sono oltre dieci mesi del mio vecchio stipendio da bancario.

Non ci sto più dentro dalla voglia di andare a far casino con gli amici per festeggiare. E poi, subito dopo, c'è un'altra cosa da fare. Andare dalla mia fidanzata, da tempo sono sicuro di volerla sposare, ma non gliel'ho ancora chiesto.

Lei ci ha creduto sempre, anche quando mi sono licenziato. Ha detto: "So che quello che vai a fare lo farai bene, Franco". Sapevo che se fosse andata male sarebbe anche stata pronta ad aspettare finché non trovavo la mia strada.

Ma è andata bene, e adesso voglio vivere con lei. Già assaporo il momento in cui mi dirà di sì. Credo di non essere mai stato così felice.

E questa felicità è per sempre.

6.

Sull'orlo dell'avventura

"Zitto tu! Polizia!" sono parole che non vorresti mai sentirti dire. Soprattutto in un paese straniero.

Tutto è cominciato sulla sabbia, la lunga spiaggia di Ipanema che dalla prima all'ultima sera, in questa vacanza brasiliana, è stata un po' come casa nostra. Circa tre ore fa ero ancora lì, con le mani intrecciate dietro la nuca guardavo i grattacieli scintillare, così vicini, e lontano il profilo scuro del Pan di Zucchero.

"Domani andiamo su?" ha chiesto Gigi.

"Come no. A piedi, lo scaliamo," ha sogghignato Piero. "Anzi, in ginocchio sui ceci. Altro che montagne, una partita di calcio dovevamo andare a vedere. Qua siamo nel paese dei campioni, e neanche abbiamo visto un po' di gioco."

"Guarda che se bevi ancora un paio di quelli, domani non ti alzi neanche dal letto, Pelé." Massimo ha nuotato fino a un'ora fa come tutti noi, è pieno di sale e di sabbia come tutti noi, eppure riesce sempre a sembrare impeccabile, invece che allegro e scompigliato come noialtri. Chissà come fa.

"Finché riuscite ancora a stare in piedi andiamo a fare un giro: ci ficchiamo in qualche bar?" La proposta naturalmente è stata mia. E, come al solito, Piero ha protestato: "Ma perché non riesci mai a stare fermo, te?".

Non ci riesco, no. Perlomeno non la notte intera. Va bene la spiaggia, va bene il relax, ma io ho sempre avuto questa cosa che devo muovermi tanto, il più possibile. Forse è perché da giovane avevo le ore di libertà contate, almeno ho imparato a ottimizzare anche il divertimento, spremo le serate di vita come un limone.

E poi quella notte era giovane, l'aria era pesante dell'odore di mare, vegetazione, cibo da spiaggia, e possibilità. È finita che Piero e Massimo sono rimasti lì, mentre Gigi e io ci infilavamo in taxi per andare a far strage nei bar di Copacabana.

È qui che è cominciata l'avventura.

"Però che palle la musica qui dentro!" esclama la ragazza.

A me sembra che vada benissimo, e lei balla come se avesse l'argento vivo addosso, ma non è che ci tenga a restare in questo posto. Gigi è stravaccato su una poltroncina accanto alla sua amica, le abbiamo appena conosciute. Lui ha l'aria un po' catatonica ma felice di quando sei con i tuoi amici in relax a goderti la vita.

"Conosci un posto migliore?" Lei è di casa qui a Rio, e ha l'aria di una che di locali se ne intende. Penso a cosa si stanno perdendo gli altri due, ma è anche vero che Massimo avrà trovato chissà quanti amici, giù in spiaggia. Mentre Piero, qualunque cosa stia facendo, domani cercherà di dimostrarmi con argomenti inoppugnabili che lui si è divertito di più spendendo meno.

La ragazza mi prende per mano e andiamo a recuperare gli altri due. Lei e la sua amica ci guidano sicure, dalla via principale ci inoltriamo per strade dove c'è sempre meno gente e l'illuminazione è approssimativa. Ci è già capitato di finire da queste parti, i giorni scorsi, una notte abbiamo cominciato a sentire come dei fischi, da una casa all'altra, dei segnali al nostro passaggio. Sembrava che coordinassero l'assalto ai *gringos*. Poi: "Attenti! Quelli vengono verso di noi!", e via di corsa, saltando macchine parcheggiate e bidoni dell'immondizia, siamo schizzati dietro a un taxi e lo abbiamo preso al volo, quasi buttandoci dentro al finestrino, come nei film. Salvi!

Sono contento di essere tornato. Un po' è che siamo con le ragazze, che sono simpatiche e sanno molto bene cosa si può fare e cosa no. E un po' è che le esperienze mai provate mi incuriosiscono più che preoccuparmi. Cosa può succedermi, dopotutto? Sono uno di loro. Nelle favelas mi ci ha portato della gente conosciuta sulla spiaggia. E accidenti, non volevo più venire via. Certo, c'era la miseria, tutto attorno: baracche di lamiera, mattoni vivi. Ma era pulito, e anche se non avevano niente c'erano dappertutto le antenne paraboliche e gli stereo per fare musica, tanta musica, ovunque. Pulizia, canzoni e grigliate di carne. Passeggiavo con questi nuovi amici, e anche loro mi avvertivano di non girare per i quartieri non turistici da solo. Ma perché? Non credo sempre a quello che mi raccontano gli altri: dal vivo è diverso, è tutto più semplice.

Sono stato anche nel quartiere peggiore di Rio, zona a luci rosse conosciuta con il nome di Villa Mimosa. È una giungla, fa legge a sé, la polizia non entra nemmeno. Tutti mi avevano detto di non andarci per nessun motivo, così ovviamente per un giorno intero non ho pensato ad altro che a come farmi portare proprio lì. Mica facile: persino i tassisti si rifiutano di avvicinarsi, è stata un'impresa trovarne uno disposto ad accompagnarmi. Poi è venuto addirittura là dentro con me, visto che ero da solo. Mi tenevo a braccetto con il tassista, diventato già amico fraterno e complice, per queste vie che sembravano un altro mondo, gente che girava nuda, che si drogava, che faceva sesso per strada, intrecci di corpi, esposti, violenti, cocci di vetro, e musica, stordimento, un senso di tensione palpabile. Siamo rimasti solo un'ora. Non ci tornerò più, ma perché perdermi l'esperienza? Io e il tassista ne siamo usciti vivi, e ho visto un pezzo di mondo in più.

Però ho una sensazione. Non è molto più rischiosa l'ipocrisia del cosiddetto "mondo civilizzato", della gente perbene? Le parole che ti senti dire e sai già che le cose andranno diversamente, la freddezza delle persone quando si abita nello stesso palazzo e non ci si saluta. Mi fanno più paura certe facce, certe giacche e cravatte, certe istituzioni. Mi fanno più paura certi palazzoni di vetro in cui non entri e la realtà è solo un riflesso respinto dalla superficie. Qui nel Sud del mondo forse si rischia, ma cos'è, un rischio fisico, che ti faranno male? Forse sì, ma qual è il male peggiore?

Insomma, stasera per queste strade mi sento tranquillo, mi sento a casa. Sarà che non sono uno da Rolex al polso, ma da jeans sporchi di sabbia e maglietta con dei disegni che fanno venire male agli occhi, come dice Massimo. Sarà che ho in tasca solo quattro soldi fermati con una graffetta e nient'altro. Sarà che viaggio leggero, lasciando a casa i pregiudizi. Se mi stessi aggirando con i pantaloni bianchi, la camicia stirata, l'orologio e il portafoglio nella tasca sinistra, è chiaro, mi beccherei una coltellata. Sarebbe come andare al supermercato vestito da guardia svizzera del Vaticano, ti faresti notare per forza. Ma se sono come loro, mi muovo come loro, voglio solo divertirmi con loro, che cosa può capitarmi?

Io vengo in pace, ragazzi.

Infatti non si sentono né fischi né movimenti sospetti mentre percorriamo queste strade più buie. La mano della ragazza nella mia è ferma e calda. Gigi canticchia, dietro di noi, e l'altra tipa lo segue con una piacevole voce di contralto. "Don't worry, be happy..."

Quando arriviamo davanti al locale, una porticina con l'insegna tutta storta, evidentemente per intenditori, quasi mi dispiace. La passeggiata nella notte mi ha un po' liberato la testa dall'alcol e dal rumore e preferirei sdraiarmi sulla spiaggia, magari per stasera ho ballato abbastanza. Ma ormai ci siamo. Le due ragazze corrono avanti e spariscono dentro all'edificio, io mi fermo a parlare con un tizio che mi ha fatto un fischio, e Gigi con me.

Ora mi chiederete: ma perché ti fermi a parlare con un tizio con l'aria losca e una catena d'oro al collo, alle tre di notte in una strada buia di Rio de Janeiro?

È che io mi fermo sempre. La gente mi incuriosisce: più strani sono e più mi interessano, e se uno mi chiama e vuole parlare con me, davanti a un locale, che male c'è? Potrebbe essere un incontro, una sorpresa. Mi capita anche in Italia. Le persone bizzarre, quelli che vivono per strada, chi sta fuori dal gregge: mi piace sentire la loro storia. Capire come sono, cos'è che li fa muovere, se è stata una scelta, il caso, il destino, come la vivono. L'unica cosa che ancora mi disorienta è l'handicap; quando per strada a Castelfranco passa il pulmino dei disabili mi volto dall'altra parte, provo un'infinita tristezza. Non riesco neanche a immaginare quanto deve essere dura, la loro vita. E mi ritraggo, non so cosa fare.

In questa notte di Rio, una notte d'avventura, voglio proprio sentire cos'ha da dirmi questo piccoletto, anche se lo immagino. Gigi si ferma due passi dietro di me, paziente, è abituato a vedermi comunicare con l'umanità più disparata.

Capita tutto molto in fretta. Il tizio tira fuori qualcosa dalla tasca, furtivo, comincia a parlare di soldi guardandosi attorno nervoso. E ha ragione. Prima di poter rispondere, siamo circondati da tre gorilla. Due immobilizzano me e Gigi, senza farci male. Non mi divincolo, un po' per lo stupore e un po' perché, nell'oscurità, vedo luccicare i coltelli. Il terzo gorilla sbatte il tizio con la catena d'oro contro al muro, con violenza, sento un rumore inquietante tipo naso che si rompe. Volano parecchi pugni.

"No, fermatevi, non ha fatto niente!"

"Zitto tu! Polizia!" abbaia il gigante che mi sta tenendo fermo.

Se è vero, la polizia locale ha modi parecchio brutali con i trafficanti. Lo frollano ancora un po' prima di caricarci tutti in macchina. Io davanti, accanto al gigante. Gigi dietro, con un secondo poliziotto e, in mezzo, lo spacciatore. Il terzo sbirro è rimasto là, immagino per continuare a combattere il crimine.

Nell'auto si sente l'odore pungente del sangue: quel poveretto deve avere davvero il naso rotto. Spero niente di peggio. Ora siamo estremamente sobri, Gigi e io. La notte non è più profumata, è cupa e tesa. Ma insieme c'è una sensazione di irrealtà, come se non stesse capitando a noi. Solo che sta capitando proprio a noi.

"Ci portano in galera, secondo te?" chiede Gigi.

"Non lo so." Mi volto verso il gigante e mi faccio coraggio. "Dove ci state portando?" Gli ho già detto che siamo cittadini stranieri, che siamo italiani, che sono amico dell'ambasciatore, ma non sembra che abbia fatto la differenza.

Non ci tengo a passare la notte in una cella brasiliana. Eppure, qualcosa non mi convince, in tutta questa scena da *Miami Vice*. Anche perché dopo il pestaggio così improvviso ed esagerato il nostro autista parte con tutto un discorso che più che un feroce tutore dell'ordine sembra il parroco del paese.

"Comprare la droga è un reato," mi dice. "La legge qui in Brasile è molto severa con gli spacciatori. Come avete visto. E adesso finirete in prigione, sono quattro anni, sapete? Quattro anni di galera, e cosa penseranno le vostre famiglie, a casa? Cosa dirà tua moglie, che suo marito compra la droga in Brasile?"

Ora: a parte che non ho comprato proprio niente, cosa importa a un poliziotto dall'altra parte del mondo di dare un dispiacere a mia moglie? Non sono mai stato arrestato in vita mia, ma mi aspetto che mi si porti in un commissariato, mi si dica di cosa sono accusato e mi si permetta di chiamare il mio avvocato, roba così. Invece siamo in macchina – fra l'altro, un'auto del tutto anonima, senza scritte né sirene – e da un'eternità giriamo per la città senza arrivare da nessuna parte. La predica della domenica suona un po' stonata. Anche lo spacciatore dietro si è convertito e continua a ripetere: "Non ditelo a mia moglie, per carità, io sono un uomo onesto".

Insomma, se non fosse per l'odore del sangue mi verrebbe persino da ridere. Sembra una telenovela recitata male. Cominciamo a contrattare, e si scopre che ci avevamo visto giusto: ci accordiamo abbastanza in fretta su una somma. Che non è affatto bassa, però.

"Io tutti quei soldi con me non ce li ho," dico.

"Ma li abbiamo in albergo," interviene in fretta Gigi. Non ne può più di quella tensione, lo sento dalla voce. Anch'io non sono tanto tranquillo, adesso sembra tutto regolare ma c'è una pistola, in questa macchina. "Se ci lasciate andare in albergo a prenderli, ve li portiamo," aggiunge il mio amico.

I due poliziotti parlano in fretta in portoghese, qualche parola la capisco.

"Manderanno solo uno di noi," avverto Gigi, mi volto a guardarlo: è uno straccio. "Vado io," aggiungo, proprio mentre il poliziotto che guida si gira verso di me: "Vai tu".

Ma che strano.

"Non fare scherzi!" aggiunge lo sbirro dietro, sempre seguendo quel copione da quattro soldi.

Dirigono verso il nostro albergo evitando con cura, noto, di fermarsi quando incrociano le pattuglie, quelle vere. Evidentemente non hanno bisogno di aiuto con i pericolosi criminali italiani. Mi viene quasi voglia di chiamare aiuto io. Ma Gigi, qua dietro, ha la pistola premuta nel fianco e comunque non è il caso di cercarsi altri guai, in questa notte dall'altra parte del mondo.

Salgo nella stanza d'albergo che divido con Gigi, mi affaccio anche in quella comunicante ma gli altri due non sono ancora tornati. Probabilmente li ritroveremo domani ancora sulla spiaggia. Apro la cassaforte e tiro fuori i soldi.

Non è certo a buon mercato, come avventura. Ma mentre conto le banconote mi ripassano davanti in fretta le ultime ore, come una successione di scene a colori vividi su uno schermo: le strade buie, l'insegna storta del locale, il tizio che chissà cos'aveva tirato fuori di tasca – probabilmente farina o pongo –, la finta aggressione, i coltelli, la pistola, le ore a vagare in macchina per le strade di Rio, la predica sulle brave e dispiaciute famiglie italiane... Chissà se il naso gliel'hanno rotto davvero. Eccesso di realismo?

In piedi sulla moquette marrone della stanza con in mano una mazzetta di *cruzados*, scoppio a ridere.

Piero controlla nervoso il Rolex, ha paura di non arrivare in orario all'aeroporto. Gigi guarda rilassato fuori dal finestrino, canticchia "Don't worry, be happy" che sta passando alla radio e si picchietta un dito sul ginocchio. Massimo, senza farsi accorgere, si dà un'occhiata nello specchietto retrovisore del taxi e si ravvia i capelli biondi.

Tutto sommato, torniamo a casa sani e salvi. Non siamo stati arrestati, uccisi, sequestrati, e non abbiamo preso malattie. C'è di che essere soddisfatti.

Ma mentre sonnecchio sull'aereo che ci riporta in patria, così distrutti dalla vacanza che ci vorranno due settimane solo per rimettere in sesto il fegato, sono anche contento di tornare a Castelfranco. Mi piace partire e volare assaporando tutte le sfumature della vita, ma le radici sono saldamente piantate nella terra della mia città...

"Se penso che lunedì si va in ufficio," geme Massimo. "Vorrei dormire una settimana di fila."

"Per fortuna che le chiamano vacanze," commenta Gigi. Si è ripreso in fretta dalla nostra avventura notturna, adesso ride e dice che non ha creduto neanche per un attimo che quella fosse la polizia. Lascio correre ed evito di ricordargli la sua espressione terrorizzata quando hanno tirato fuori la pistola. Sfottersi va bene fino a un certo punto, anche tra amici.

"Direi che in così pochi giorni abbiamo fatto parecchie cose," sentenzia Piero, come se parlasse di una trasferta di lavoro. È quello dei risultati, lui.

Piero, Massimo e Luigi hanno ventotto anni, come me. Hanno fondato la loro azienda cinque anni fa, il 6 settembre dell'84, proprio lo stesso giorno in cui io sono uscito dalla banca. Comprano le pagine pubblicitarie su riviste e quotidiani e le vendono alle piccole aziende in giro per l'Italia: il servizio sul ristorante, sull'imprenditore, sull'eccellenza in uno o nell'altro campo. In pratica, con pagine di testo e immagini che si chiamano publiredazionali, raccolgono in giro per l'Italia la piccola pubblicità locale che per le riviste nazionali sarebbe troppo macchinoso andarsi a cercare. Va a gonfie vele, questa cosa, e in pochi anni sono cresciuti tantissimo.

Li conosco da sempre, con Piero e Massimo giochiamo a calcio insieme da una vita. Adesso Piero ha cominciato a parlare di iscriversi al club di golf, di incontrare le persone giuste. Stanno facendo strada, questi tre.

"Anch'io se penso all'agenda mi sento male," dico. "Ho la settimana piena di appuntamenti."

"Non lamentarti, meglio così che il contrario," commenta Piero. "Tanto tu riesci sempre a far tutto."

Sorrido: "Questione di organizzazione".

È vero. La cosa più importante che mi hanno insegnato in Fideuram credo sia proprio questa, l'organizzazione del tempo. Lo avrò detto chissà quante volte, fino a sfinirli. Sapersi organizzare è tutto. A ogni giorno la sua attività, e gli spazi giusti per il lavoro, per il tempo libero, persino per gli imprevisti. Quando hai deciso dove vuoi arrivare, e hai imparato a suddividere il tempo a disposizione per arrivarci, il più è fatto. Poi arrivi. È garantito. Lo dice bene un'altra delle massime del solito Nembo: "Non ci sono venti favorevoli per chi non conosce le proprie mete". Ma chi le conosce, aggiungerei, sa sempre come girare le vele.

"Organizzazione. Parla quello che in Brasile spariva per metà giornata in una favela dietro a dei tizi conosciuti la sera prima..." Massimo mi guarda con un sopracciglio alzato. "Proprio uno quadrato."

"Ma che c'entra, quella è una vacanza!" protesto. Mi viene sempre un po' da mettermi sulla difensiva, quando Massimo assume quel tono.

"Però è vero," dice Gigi. "A volte sembra di avere a che fare con due persone diverse."

Guardo fuori dal finestrino. Sono i miei migliori amici, questi qua, abbiamo appena passato una settimana da inseparabili, a fare follie e a dividere ogni singola cosa per quattro. Ma a volte è come se loro fossero tutti e tre da una parte e io dall'altra. Non solo perché hanno la loro società e io un altro lavoro. Anche perché mi sembrano più esperti, con i vestiti giusti, gli accessori giusti, i mobili giusti in ufficio e le espressioni giuste sul viso.

Eppure c'è qualcosa di artigianale nel loro modo di procedere. Fossero ben strutturati, farebbero strike. All'inizio io odiavo i corsi in Fideuram. Mi sembrava un indottrinamento, come se volessero fare di me un automa. E invece il corso di organizzazione aziendale mi ha cambiato la testa e la vita. Con tre semplici istruzioni. Decidi prima quello che vuoi fare. Pianificalo. Quando l'hai pianificato, comincia a farlo.

Uno direbbe: certo, bisogna pianificare gli impegni importanti e poi infilarci quelli minori. E invece no, la prima cosa che devi prevedere è il tuo tempo libero. Tu: chi sei. Sport, famiglia, sogni... Le tue cose, quelle che non ti deve toccare nessuno. Creare nella settimana gli spazi per soddisfare la tua personalità. Se riesci a trovare spazio per i momenti piacevoli, sarai più carico quando c'è da tirare su le maniche. Solo dopo decidi le priorità. Cosa vuoi tu dalla vita? Guadagnare molto. Far stare bene la tua famiglia. Creare una grande impresa. Ognuno ha le sue priorità e i suoi sogni, che sono la cosa più importante. Ma bisogna mettersi lì e definire l'agenda perfetta: a ciascun impegno il giusto tempo e spazio. E quando ti sei organizzato, parti. E accidenti, arrivi: eccome se arrivi.

È stata davvero una scuola, quel lavoro. Da riunioni e corsi ho imparato a costruire, dalle critiche ad ascoltare, dai coffee break a coinvolgere le persone e pianificare le prime piccole imprese: l'iniziativa. E ho scoperto che nelle stesse ore in cui prima raggiungevo due obiettivi, ora riuscivo a ottenerne dieci. Invece di ritrovarmi affannato a correre dietro le emergenze ho sempre il tempo per andare a nuotare.

Vorrei riuscire a farglielo capire, a questi tre. Sono sicuro che cambierebbe la vita anche a loro.

“Tu, Massimo, quante volte vai a giocare a tennis, alla settimana?”

“Eh, il tennis, magari. Qualche volta il sabato. Non ho mica tempo.”

“Io ho la borsa in macchina da tre settimane,” sospira Gigi. “L’ho messa lì pensando: appena ho tempo ci vado. Buonanotte.”

“Io vado a nuotare il giovedì a mezzogiorno. Ce l’ho in agenda,” dico. Perché se dici “quando ho tempo vado a giocare a tennis”, a tennis non giocherai mai. Se invece nell’agenda hai “nuoto”, non ci metti un altro impegno. Nuoti. “E se qualcuno vuole un appuntamento a mezzogiorno del giovedì, non glielo do.”

“E se poi ti perdi il cliente?”

“Sai una cosa, Piero? Non è mai successo. Si trova sempre un altro momento per vedersi. E intanto, in sei mesi, ho saltato nuoto solo una volta perché avevo l’influenza.”

“Eh, ma che palle!” sbuffa Massimo. “Parli sempre di libertà e poi ti programmi anche il tempo libero?”

Alzo le spalle: “Se per te essere liberi vuol dire lasciarsi trasportare dagli eventi...”. A me sembra la forma peggiore di schiavitù, lasciar gestire la tua vita al capoufficio, alle emergenze di chiunque, o al caso. Invece di decidere cosa vuoi fare, e farlo. “Vuoi sognare i tuoi sogni, o quelli di qualcun altro?” gli chiedo solo, mentre Gigi mi guarda e ride: “Ma sentilo, il guru!”.

Taccio, inutile insistere sull’argomento. Però lo so come lavorano loro, li ho visti in ufficio. Squilla il telefono, il primo che capita prende la chiamata e poi si occupa della questione. Così non sanno mai chi deve fare cosa. Quando va male non c’è mai un responsabile. E quando va bene è sempre merito di tutti. Ma che modo è?

"Certo che questi corsi ti hanno proprio cambiato la testa," Piero annuisce, pensoso.

Non rispondo. Ne sono cambiate tante, di cose, negli ultimi anni. Da quando ho cominciato a guadagnare e posso viaggiare, da quando ho cominciato a vedere il mondo. È come se mi si fosse aperta la testa e avessi cominciato a diventare me stesso. Ogni viaggio, invece di soddisfarmi, mi mette addosso ancora più voglia di conoscere altre persone, situazioni nuove.

Nella cuffia del walkman, Vasco mi fa venire la malinconia.

No, non credo proprio che sia così
sarebbe comodo sì
ma io non sono come te...
...
Ciao.
Sai cosa ti dico, ciao
io posso fare senza te
senza più grandi "se"
senza grandi "ma, perché"
senza un amore così...

L'aereo si prepara all'atterraggio. Allaccio la cintura, stendo le gambe, chiudo gli occhi e penso: da domani si riprende. Ma nonostante i passi che ho fatto, la vita che mi sto costruendo non mi basta più. Mi sento come in folle. È come se un motore si fosse messo a rombare, e io dovessi solo decidere di dare gas. Spostatevi, che arrivo.

Ma arrivo dove?

7.
Cambio pelle

C'è una grande discussione nella mia auto.

Tra il Franco del passato e quello del futuro, potremmo dire. Tutti e due stanno guidando, ma solo uno deciderà dove va la macchina, quale svolta prendere.

Conservare o cambiare? Restare nella società finanziaria dove ora lavoro, e con soddisfazione, o mollare tutto per entrare in società con Piero, Gigi e Massimo?

La risposta: boh.

Me lo hanno chiesto un paio di settimane fa. Mi hanno chiamato nel loro ufficio, le solite quattro chiacchiere, poi Massimo va a chiudere la porta e mi fa, serio serio: "Franco, senti, ma perché non vieni a lavorare con noi?".

E adesso sono qua al volante che ci penso, come ci ho pensato in tutti questi giorni. Sdoppiato come se avessi due persone nella testa che discutono tutto il tempo e non mi lasciano mai in pace, neanche quando dormo.

Fantastico, pensa che bello lavorare con gli amici!

E se poi non si va d'accordo? Stai male sul lavoro e perdi pure gli amici. Succede, sai?

Però senti, finalmente una cosa tutta tua. Non sarai più un numero in un ingranaggio, per quanto stimato e ben pagato. Sarai la persona che decide cosa si fa, che può far funzionare le attività, che si prende la responsabilità e il merito, in prima persona!

Eh già, la responsabilità. E se la ditta poi non va? Qua si tratta di investire tutti i miei risparmi, mica le noccioline del bar.

Mi viene voglia di mettermi le mani sulle orecchie e scuotere la testa fortissimo e gridare basta!, ma è meglio di no, ho già fatto un incidente con l'auto l'anno scorso e mi è bastato. Guidavo verso Asolo, pensando al mio matrimonio ormai finito; ai miei genitori così furiosi che avevo preferito andare ad abitare in un altro paese, e magari non mi avrebbero parlato mai più; a quanto è brutto diventare una persona diversa e non farcela più a stare dentro alla vita che pure hai sognato da sempre. L'amore, la famiglia, il lavoro, la completezza. E però: due camere, la cucina bianca, i mobili di legno chiaro nel soggiorno, le serate piacevoli ma così uguali davanti alla televisione. In soli tre anni ero cambiato troppo, non ce la facevo più. Ma non era stata una scelta facile.

Tutto era ingiusto e sbagliato e crudele, quella sera. E, neanche a dirlo, pioveva: quella pioggerellina sottile, fastidiosa, che vela il paesaggio come un sudario e rende triste te e pericolosa la strada. Stavo cantando a squarciagola una canzone di Minghi che ovviamente adesso odio.

Infatti piove,
vorresti uscire
e raffreddarti insieme a me.
Io vestito
leggerissimo morrei
e mi abbandonerei,

per veder di nuovo la vita mia,
rapidissimo addio.
E guardo fuori...

Crash. Dritto contro un albero. Mezza macchina distrutta e la mia clavicola con lei, e sono stato molto fortunato che l'albero ha avuto la peggio.

Adesso la spalla si è rimessa a posto, tutto il resto no: vivo da solo e mi ci sono abituato. Sto sempre un po' bene e un po' male, come tutti magari. Ma ora in più passo il tempo a pensare a questa proposta, ossessivamente. A volte sono esaltato e alzo la cornetta per chiamare i ragazzi e dire che accetto. Poi la ributto giù chiedendomi: ma dove vai, che ci fai con questi? Sono i tuoi amici, ma sono mille chilometri più avanti di te per furbizia, velocità di idee. Non hanno paura di niente, loro. Tu sei abituato ad avere una grande azienda dietro, dove vai da solo?

E però... però in realtà hanno bisogno di me. Io non so fare niente di importante, ma se ho acquisito un talento è quello organizzativo: nelle circostanze più varie è come se avessi chiaro il quadro d'insieme, se le cose vanno per il verso giusto oppure no. Come se sapessi istintivamente quali misure si potrebbero prendere per raddrizzare la situazione: che sia un bar, una squadra, un'azienda. Lo so che potrei essere utile, che potrei fare una differenza.

Ma no, quale differenza voglio fare? Ho sempre avuto qualcuno che mi guidava, adesso all'improvviso mi lancio senza rete? A fare l'imprenditore?

Già, però che cosa ci sarebbe di strano, anche mio padre faceva l'imprenditore, la genetica mica è un'opinione.

Devo prendere una decisione, fosse solo per sloggiare questa ansia dalla mia testa.

La mia ragazza, Bianca, è molto d'aiuto, non mi fa fretta. La sera magari mi prende la testa in grembo e mi accarezza i capelli, che sono di nuovo un po' troppo lunghi, e mi dice: "Franco, prenditi i giorni che servono, è una decisione importante".

Mi viene in mente una tipica frase di mio padre: "Guarda una volta per vedere bello, guarda due volte per vedere giusto". Così, oltre all'ansia da decisione, mi viene anche il magone perché mio padre non mi parla più. Che poi, lui mi parlerebbe anche. Ma mia madre, lei no: un figlio separato, che vergogna. "Meglio se eri morto che divorziato" è la sua frase più moderata in questo periodo. Retaggio di un'educazione del dopoguerra, piena di tabù. Ma la capisco: chissà se sarò più elastico, io, quando saranno i miei figli a essere differenti da me.

Certe sere invece vado a tormentare gli amici a cui voglio bene e di cui mi fido, a spiegare il mio dilemma, a cercare i loro consigli. I più giusti sono sempre quelli di Pierino. Che, come tutti, ha un pregio e nove difetti, ma il suo pregio lo adoro: è pragmatico, uno che ti dice le cose dritte sul muso, e velocissimo. Centra sempre il problema, prende le decisioni in un minuto. Vorrei poter assorbire questo suo talento, ora che sono così incerto e confuso.

Mi sento perso, ho l'ansia continuamente. M'è preso anche una specie di bisogno continuo di mangiare del dolce. Tutti i pomeriggi arrivo a casa e faccio una strage di Nutella, ne avrò svuotati venti barattoli in queste settimane. E sono dimagrito cinque chili. A proposito, chissà se mi sono ricordato di comprarla?

E peraltro: non dovrei essere arrivato a casa già da un pezzo?

Mi riscuoto e focalizzo il panorama piatto attorno a me. Strada, campi, costruzioni, cartelli... Dove accidenti sono? Per un momento potrei essere ovunque, a casa, nel Far West, nel passato.

Sono a Vicenza.

Sono uscito dall'ufficio, ho preso la strada per andare a casa a mangiare e ho guidato fino a Vicenza. Sono trentadue chilometri. Cos'ero, in trance?

Mi fermo in una piazzola di sosta, con le auto che mi passano accanto e una gran voglia di scappare, di uscire dalla mia testa invasa dai pensieri. Faccio un respiro profondo e appoggio la fronte sul volante.

Alzo la testa di scatto e tiro un pugno al cruscotto. Il male mi risveglia. Basta davvero. Tanto lo so, che per me il cambiamento è irresistibile. Non sopporto di immaginare che decido di non fare una cosa, poi invece quella funziona e io non l'ho fatta. Io devo provare. E poi su me stesso posso contare. Questa cosa sembra giusta, sono i miei amici, è il momento di cambiare. Sento di nuovo in testa la voce di mio padre: "Di quello che ti dicono, non credere a niente. Di quello che vedi, credi una metà. Ma di quello che senti dentro, fidati".

È l'una e un quarto del pomeriggio e ho deciso: do le dimissioni, si va.

Ogni nuovo lavoro, ogni nuova impresa, appaiono dapprima scogliere alte e pericolose. Finché non si sormontano. Allora, guardando indietro, non sembrano più così difficili.

È una frase che ho letto da qualche parte e ha lasciato così il segno che me la sono scritta sull'agenda. Lo faccio spesso.

Sono passati quattro anni e non sono mai stato così felice. Per entrare in questa società ho dovuto investire tutti i miei risparmi e accendere anche un mutuo, è stato un po' uno choc ritrovarmi povero.

Continuavo a chiedermi se la mia era stata una scelta sbagliata, ma sapete che c'è? Quando mi metto a fare i conti con i più e con i meno, alla fine faccio sempre pari. Mentre nelle mie scelte di vita migliori alla fine ho seguito l'istinto. E questa è stata la più azzeccata, fino a oggi.

Tutto va a gonfie vele. La nostra Publiscoop ha moltiplicato il fatturato, abbiamo avviato mille nuovi progetti, lavoriamo con un sacco di editori a cui forniamo pubblicità, abbiamo fatto il grande balzo due anni fa, con il contratto per "Il Sole-24 Ore". Di quello mi occupo io e funziona molto bene.

E poi siamo perfettamente affiatati. Se penso a quanto avevo paura che non andassimo d'accordo, mi viene quasi da ridere. Invece, a parte qualche screzio senza importanza, siamo una squadra fantastica, dovreste vederci: impeccabili, nei nostri uffici tirati a lucido, moderni, luminosi, e con le segretarie più belle ed efficienti di tutto il Veneto. Sì, non si passa la selezione se non si è davvero sopra la media. Sono gli anni novanta, sfruttiamo a pieno l'onda positiva di questo periodo: duro lavoro, attenzione al dettaglio, ma anche molta capacità di divertirsi.

Sì, i momenti di sconforto ci sono eccome. Giro l'Italia in macchina, almeno tre giorni la settimana, facendo i contratti per le nostre pagine pubblicitarie, e prendersi qualche porta in faccia è matematico, non è che ti va bene a ogni appuntamento. Un paio d'anni fa ho passato il mio compleanno in Centro Italia. Il tempo era brutto, l'Appennino era cupo come se fossi piombato nel medioevo. In più, non avevo ancora cominciato a potermi permettere gli alberghi come si deve: stavo in una pensioncina con la moquette lercia, le pareti con le macchie, il bagno abitato da una famiglia di scarafaggi cui mancava solo la parola. E dal lato contratti erano porte in faccia a ripetizione.

Trentatré anni, come Cristo, e non dico che stessi peggio di lui ma di certo mi sembrava tutto sbagliato. Sono persino andato a prendere tutti i documenti per iscrivermi all'Università di Urbino e cambiare vita. Sociologia, volevo fare.

Insomma, non sono mancati gli alti e bassi. Ma questo momento è decisamente un alto, penso mentre butto la giacca e la cravatta sul letto rosso, nell'appartamento a cinque stelle, come lo chiamo io. Che è un monolocale di trentasei metri quadrati, per la verità: la cucina in un angolo, il letto lungo l'altra parete, lo sgabuzzino scavato nel muro e la porta del bagno. Punto.

La casa più bella che abbia mai avuto in vita mia. La mia prima vera casa da solo, dopo l'albergo con tutti i cugini, l'appartamento dei miei genitori, quello con mia moglie. Qui ho conosciuto l'indipendenza e, se mi guardo attorno, mi sembra di averla vista sempre e solo piena di sole, questa stanza. Suonano alla porta. Apro e mi affaccio: "Ohi, Walter! Vieni su, mi sto cambiando!".

Ascolto i passi sulle scale mentre infilo i jeans e una camicia e ricomincio a sentirmi me stesso. Il completo e la cravatta sono davvero un peso, ma adesso che li metto per mia scelta pesano molto meno. Ora sul lavoro servono, non c'è niente da fare. Io e gli altri siamo giovani, non possiamo permetterci di vestirci sportivi, sembreremmo solo ragazzini presuntuosi. L'abito fa il monaco, almeno un po'. Ma non vedo l'ora di infilarmi un paio di jeans, la sera. Come monaco non sarei un granché, dopotutto.

"Proprio in una torre dovevi abitare," sbuffa Walter. "Le scale più ripide del paese. Sei pronto?"

"Quasi. Siediti pure."

"Ma siediti dove? Non hai neanche una poltrona, te, qua."

"Ho ben due sedie." Faccio l'offeso, ma tanto lo so che casa mia gli piace. Piace a tutti: è colorata e allegra, il letto rosso, i quadri brasiliani alle pareti, le due sedie perché quattro non ci stanno. E poi, a che mi servirebbe una piazza d'armi? Io sono quasi sempre fuori.

"Programma?"

"Facciamo un giro della piazza, passiamo a prendere Pierino e un paio di altri e andiamo in discoteca."

"Ottimo. Guido io."

"Ma neanche per idea. Prendiamo la mia e guido io." Walter è cauto perché siamo diventati amici in ospedale: ero immobilizzato su un'amaca dopo essermi rotto un'anca schiantandomi in moto, sei o sette anni fa. La moto che avevo distrutto contro un camion era uguale alla sua, una Yamaha 600. Mi era venuto a trovare per quello, solidarietà tra motociclisti castelfranchesi. Poi siamo diventati amici. È uno che lavora in proprio, come idraulico. Sarà un caso, ma i miei amici sono tutta gente che ha delle responsabilità e che *fa* qualcosa. Persone dinamiche, che rincorrono sempre un'impresa nuova, che non stanno mai ferme. E che sanno divertirsi, come sarà stasera. Ci scambiano per fratelli, me e Walter. Fratelli di sangue, diciamo in giro.

"Guarda che io guido benissimo," dico entrando in bagno, e peraltro è vero. "Un incidente capita a tutti, sono passati degli anni, sarebbe anche ora di smettere di menarmela."

"Due incidenti nel giro di due anni capitano un po' meno..." fa Walter, prevedibile. "E poi scusa, così puoi bere no? Di cosa ti lamenti?"

"Ah, ma non posso bere troppo, voglio restare lucido, non si sa mai, potrei dover tornare all'improvviso. Ecco, sono pronto, andiamo." Esco dal bagno, prendo le chiavi, faccio un passo verso la porta. Ma Walter mi sta guardando corrucciato dalla sedia. “Be’? Che c’è?”

“Potresti dover tornare all’improvviso? Che è successo, qualcosa non va?”

“Ma no, è che Bianca può andare in ospedale da un momento all’altro.”

“È già il momento?”

“Sì. Sta per nascere mio figlio.” Strana la vita: il matrimonio che avrei giurato durasse per sempre si è dissolto; una storia nata quasi per gioco mi sta rendendo padre. Davvero strana la vita!

Me lo ha detto Bianca, di andar fuori a fare festa come avevo progettato. È a casa con un’amica e se succede qualcosa mi chiamerà, poi ne avrà per un sacco di ore, dice. Lei è fatta così, fantastica, indipendente. Incontrarla è stata una rivelazione: mi ha aperto gli occhi su tante cose, sull’amore, sulla vita, e poi è una compagna divertente, avventurosa. E adesso sarà anche la madre di mio figlio. Non vedo l’ora, sogno di diventare padre da quando ero bambino. Ogni moneta nelle fontane, ogni stella cadente, ogni “flic e floc”, il desiderio era sempre lo stesso: “Un figlio sano e forte”.

Un altro sogno che si avvera. Il più grande, il più bello.

Si chiama Andrea.

Parte seconda
Arriva Andrea

8.
Prima della bufera

Vedo le parole e non riesco a dirle

Andrea, 2011

“Sono l’uomo più felice del mondo.” Vuoto il bicchiere di vino e lo appoggio sul tavolo con decisione, per sottolineare l’affermazione. Lo stelo del bicchiere si spezza di netto. Non sanno più farli, i bicchieri oggigiorno, penso.

“Ne hai fatto fuori un altro.” Giampaolo vicino a me comincia a ridere, dà di gomito al vicino. “Ehi, guarda, Franco ha seccato un altro bicchiere!” Di venticinque che siamo attorno al tavolo, almeno la metà si mette a ridere e a fischiare. Uno butta il bicchiere dietro la spalla come alle feste russe, in segno di solidarietà, mandandolo a schiantarsi contro la parete. Per fortuna che siamo in un agriturismo perso sul Montello, e nessuno può sentire il casino che stiamo facendo, altrimenti terremmo sveglio un intero quartiere.

“È solo il secondo,” mi difendo, poi anch’io mi metto a ridere come un matto, mentre Giampaolo chiama il cameriere: “Ci porta un’altra bottiglia di rosso? E una mezza dozzina di bicchieri per il mio amico, per favore!”.

E giù risate.

“Sono l’uomo più felice del mondo,” ripeto a Giampaolo, tra lacrime di ilarità.

E lo sono. D'accordo, stasera sono anche un po' sbronzo, è una festa di addio al celibato e sarebbe strano il contrario. Ma anche da sobrio, direi la stessa cosa: non sono mai stato così bene.

"Ho accanto la donna più fantastica del mondo, ho un figlio bellissimo, abitiamo in mezzo ai campi," mi metto a elencare sulle dita. "E il lavoro va alla grande."

"Eh, sarei felice anch'io al tuo posto," annuisce Giampaolo, figlio maggiore del proprietario di una grande azienda meccanica, un altro con la strada segnata nel solco del padre, come sarei dovuto essere io. Anche lui, come me, intento a percorrere altre vie.

Insieme a lui è impossibile non pensare a progetti esaltanti. Ha sempre la mente proiettata alla prossima impresa fantastica. Sì, la troveremo quella giusta, Giampy. E intanto condividiamo una frase di Arrigo Sacchi, che sarà pure l'allenatore del Milan, ma è uno che secondo noi ci vede giusto: "Per creare qualcosa di nuovo bisogna credere nei sogni, scommettere sull'impossibile, giocare in attacco e trasgredire".

L'ho fatto. E ha funzionato. L'azienda sta bruciando le tappe, abbiamo agenti in tutte le regioni tranne Umbria, Abruzzo, Molise e Sardegna, ma arriveremo anche lì. Sono carico come una molla, da quando abbiamo riorganizzato il lavoro si vedono i risultati, niente più approssimazione, ciascuno ha un compito. Un finesettimana con i miei tre soci ci siamo chiusi in casa mia, in pochi giorni abbiamo ricostruito ruoli, funzioni, compiti: abbiamo rifatto tutto da capo. Abbiamo preso la nostra piccola agenzia che vendeva spazi pubblicitari e la stiamo trasformando in una grande azienda. Il segreto era specializzarsi, decidere insieme quali erano le qualità di ciascuno e focalizzare il suo compito su quelle. Come essere imbianchini e io faccio "solo" il blu, tu fai "solo" il giallo. Ma se il mio blu è il più perfetto del mondo e il tuo giallo è il più splendente che ci sia, e se tutti e quattro facciamo il colore come lo dobbiamo fare, abbiamo vinto.

Selezioniamo i nuovi agenti, i nostri servizi vanno da Aosta a Gela, il mio vanto personale è essere stato in tutte le province d'Italia: in tutte ho mangiato, dormito, firmato contratti, affiancato agenti. Sembra incredibile, ma viene gente da ogni regione per avere la possibilità di lavorare con noi. Pretendiamo serietà, siamo inflessibili: oltre dieci minuti di ritardo e niente colloquio. È capitato che qualcuno se la prendesse: ma come, io arrivo da Roma! Be', anche se arrivi da Catania, è lo stesso: arrivi puntuale, o torni a casa. Perché se una cosa ti interessa arrivi prima, e se non ti interessa, perché dobbiamo perder tempo a parlarne?

"Tu sì che hai un lavoro da sogno," sta dicendo ora Giampaolo.

"Ma soprattutto ho una famiglia da sogno." Faccio un gesto ampio fendendo l'aria con una mano, a significare quanto enorme è la mia fortuna. "Sono l'uomo più felice del mondo," aggiungo, nel caso non si fosse capito.

Non credevo che la vita con una compagna e un figlio sarebbe stata così facile. Pensavo che a vivere insieme mi sarebbe mancata l'aria, e invece... A volte sono via io, a volte non c'è lei che con il suo lavoro di agente è spesso in giro, ci sentiamo liberi. Mi incoraggia a uscire, a godermi la vita, a viaggiare con gli amici. Ogni tanto se ne salta fuori con una frase tipo "Frank, stai tirando troppo, prendi una pausa, fai un viaggio, se vuoi". Che donna. E come risultato, stare a casa con lei e Andrea non mi pesa, anzi. Quando uno ti riempie la tavola di marmellata mica hai bisogno di rubarla. Magari finito il lavoro faccio un aperitivo in piazza con gli amici, ma poi torno a casa e non mi viene neanche voglia di uscire di nuovo.

Anche perché stiamo a circa dieci chilometri da Castelfranco: finalmente ho la casa dei miei sogni, progettata da me. È splendido aver costruito una cosa che non esisteva. Sta in mezzo ai campi, tra Riese e Poggiana, dove abitava mia madre da bambina, dove io da piccolo andavo a trovare i nonni sperimentando in pieno la vita rurale degli anni sessanta. È un gruppetto di sette case, una piccola comunità molto unita, tutti gli anni da quando mi ricordo c'è la festa d'estate nei campi, con la grigliata, i balli, la musica, d'ora in poi non me ne perderò mai più una. Ho comprato il vecchio rustico fatiscente che stava nella posizione più bella, vicino al fiume, circondato di terra e di alberi, l'ho fatto radere al suolo e tirar su di nuovo come lo volevo io. C'è un grande portico tutto aperto al pianterreno, due soggiorni, uno con il camino, di sopra le camere con i bagni: il nostro sembra una piazza d'armi, ho fatto mettere persino un tubo per buttare giù gli asciugamani sporchi direttamente in lavanderia, sarà infantile ma mi diverte un sacco. Le montagne russe della biancheria.

E il fiume che scorre vicino, con le sue piccole onde di cristallo. Lo stesso dove andavo da bambino a rane, o a pescare: armati di forchette, ci infilavamo tutti dentro al fosso a cacciare e la sera tornavamo a casa infangati e bagnati da capo a piedi, trionfanti come eroi con i secchielli pieni di "prede" per la frittura della cena. Voglio che anche Andrea abbia tutto questo. Vabbe', lui al contrario di suo padre, nato in un'epoca decisamente più povera, non dovrà andare in bagno su una sedia bucata, nel letamaio, pulendosi con le pagine strappate da una rivista, né lavarsi nella stalla con il secchio, però avrà una vita sana, da bambino di campagna. È così robusto e allegro, non passerà molto prima che diventi il terrore delle rane del fosso.

Ha solo due anni e mezzo ed è presto, ma già gli piace un sacco scorrazzare per i campi. Spesso telefona a mio padre, adesso che c'è Andrea con i miei le cose sono migliorate, mia madre ha ricominciato a parlarmi. Mi ha visto convinto di quello che faccio, ha accettato che non sono il suo ragazzo a modo e noioso, che sono un'altra cosa, un po' giramondo, uno che sogna, che è capace di rischiare per quello in cui crede. Mi prende per come sono, finalmente. E mio padre con Andrea ha un rapporto bellissimo. Si sentono quasi tutti i giorni e al sabato si mettono d'accordo per il programma della domenica, fanno le loro chiacchiere, poi Andrea decreta qualcosa tipo: "Nonno, allora domani andiamo a mangiare le more".

E poi saluta e mette giù, bello deciso. Sta cominciando a parlare e ho già capito che non smetterà più: il mio amico Walter, che viene a trovarci quasi tutte le domeniche con la famiglia, dice che è un vero mulino a vento di parole. Andrea ha fatto amicizia con sua figlia Giorgia e, quando li portiamo in macchina insieme, c'è da uscirne rintronati.

Essere padre è bellissimo. Sapevo che lo sarebbe stato, ma non immaginavo quanto. Mentre alzo il bicchiere per l'ennesimo brindisi al futuro sposo, ho in mente come un'istantanea, lo scatto della famiglia perfetta: Bianca che guarda fuori dalla finestra della cucina, in lontananza io e Andrea con i piedi nell'acqua cristallina del fiume, la sua piccola mano nella mia mentre da veri uomini andiamo a procacciarci la cena, armati di forchette. Magari, in un angolo dell'immagine, la culla di un fratello o di una sorella.

Di sera, prima di addormentarmi, sento il bisogno di fare il punto della situazione sulla mia fidata agenda, in cui annoto tutto. Un'abitudine che ho da sempre: fermo là un attimo, cosa sto facendo? Questi sono gli aspetti della mia vita, come vanno? Se uno non va, so che devo lavorare su quello. Testa tra le nuvole, piedi per terra. E così, con gli occhi che mi si incrociano un po' per il vino bevuto, scrivo:

Bianca: feeling, intesa, allegria
Andrea: sano, maschio, ride sempre con tutti
Auto, casa, soldi, lavoro: tutto ok, nessun problema
Salute, sport: tutto bene
Viaggi: 3-4 volte l'anno in giro per il mondo
Cosa ho fatto per meritare tutto questo?

Pochi mesi dopo sono di umore un po' diverso, mentre salgo in macchina a Bologna. Prendo il volante, si torna a casa. Mi fa piacere tornare, ma all'inizio della settimana ero ben contento di andarmene.

Quando giro per fare contratti è così: di lunedì mattina, in ufficio, mi organizzo, poi di martedì parto. Di solito alle cinque di mattina. Valigia per tre giorni, ventiquattrore, e via. Parto e basta, dove andare lo decido intanto che guido fino a Padova, nel punto in cui si prende l'autostrada. Lì ci penso: cosa mi sento di fare? Bari, Genova, Firenze? Guardo il tempo fuori dal finestrino: mi sento da Lazio o da Liguria? Da Piemonte o da Friuli? E poi prendo la mia strada e do gas. Tra le otto e le dieci di mattina sono sempre dove devo essere, vicino o lontano che sia, e allora si comincia ad andare in giro per concessionari o negozi a caccia di contratti pubblicitari, ogni tre o quattro visite è quasi matematico, si fa "un colpo". Mercoledì: guerra. Giovedì: guerra e poi a casa, con la borsa bella piena di contratti, verso il meritato riposo del guerriero.

In questi giorni ero in Emilia, e la cosa che mi affascina è che lo sapevo solo io. Neanche i miei soci sanno dove vado, quando parto. Ho il telefonino in auto, sono in contatto con tutti ma solo io so da dove. Mi piace andare così, io dentro una macchina, totalmente e pienamente me stesso, come un cowboy. Decido io. Non gli altri, non l'azienda, non la politica, nessuno che mi dica cosa devo fare: ho un traguardo, certo, ma l'ho fissato io. Sono solo sulla strada, la legge è quella della strada.

Stavolta ne avevo proprio bisogno. Prima di partire abbiamo avuto un finesettimana burrascoso in famiglia. Dall'asilo nido ci avevano chiamato per chiederci se ad Andrea è successo qualcosa, se ci sono dei problemi. Non lo hanno detto esplicitamente, ma pensano che io e Bianca urliamo e ci tiriamo le stoviglie, a casa, e abbiamo traumatizzato il bambino. A quanto pare Andrea è apatico, disobbediente, non guarda in faccia nessuno, non sorride più. Con le maestre me la sono presa: ha due anni e mezzo ma non è mica una macchina, avrà il diritto di avere le sue paturnie come tutti gli altri? Bianca però si è lasciata impressionare e adesso sta ossessionando i nostri amici, domenica pomeriggio avrà chiesto venti volte a Walter se si ricorda di qualche spavento, cosa può essere successo.

"Magari quando siamo andati a Gardaland sulle giostre?"

Abbiamo passato tutto il pomeriggio a parlare di questa cosa, a dissezionare la gita a Gardaland, il giro in mezzo alle grotte con i mostri, il concetto di trauma: avevo voglia di urlare. La domenica sera non ce la facevo proprio più.

"Ma smettila, che non sarà niente, non farne una malattia," ho sbottato alla fine.

"La fai facile, tu! E se invece sta male?"

"Ma non sta male, ha solo le palle girate!"

"Ma come fa ad avere le palle girate? Ha due anni e mezzo!"

"Avrà anche due anni e mezzo, ma non è mica un automa, avrà diritto a essere di cattivo umore anche lui, no?"

"Ma non dà più retta, non ascolta niente di quello che dico!"

"E tu dagli una sculacciata!"

"Non si può risolvere tutto con le sculacciate! E se sta male?"

E via da capo.

Il lunedì ero quasi contento di riprendere il lavoro, e di ripartire per Modena e Bologna, dove si mangia bene e l'economia è prospera; ero sicuro che avrei fatto un bel po' di contratti. E infatti. Due giorni dopo riprendo la strada di casa un po' prima del solito, arriverò per cena, sono felice di tornare e ansioso di sistemare le cose con Bianca e Andrea.

È solo che il bambino sta crescendo, è faticoso come tutti i bimbi che crescono, e Bianca è stressata. Qualche mese fa Andrea ha fatto il vaccino trivalente, ha avuto la febbre altissima per quindici giorni, stava male. Ho ancora l'incubo di quelle notti sveglio, il bambino che urlava, le nostre domande sempre più disperate: "Andrea, cos'hai?", la paura che fosse grave, gravissimo, che non ce la facesse. È il nostro primo figlio, non è facile sapere come comportarsi. Ricordo una notte: Bianca era via e io ero a casa da solo con Andrea. Piangeva di continuo, urlava, era inutile portarlo fuori, camminare, dargli da bere, coccolarlo. Anche solo guardarlo negli occhi era impossibile, perché sfuggiva e si dimenava. È stata una notte in bianco, non l'unica. Tra le quattro e le cinque ho trovato un vecchio, enorme sigaro e l'ho fumato in poche boccate, come una sigaretta. Roba da star male davvero.

Non ci siamo ancora ripresi da quelle due settimane di merda. Neanche lui, che sta attraversando un periodo strano: è distratto, non mi risponde, non obbedisce. Bianca dice che con i bambini ci vuole pazienza, poi delle volte però la sento che si rigira nel letto, di notte, per ore. Dorme male. Per fortuna tra un paio di mesi ci sono le vacanze, andiamo in Calabria, a Nicotera, in un villaggio, Andrea al baby club, noi svaccati sulla spiaggia: non vedo l'ora.

Svolto piano nel vialetto di casa, e mi cade l'occhio sul fiume lì accanto. Due scarpe da ginnastica scorrono lente portate dalla corrente. Chissà dove andranno a finire, penso. Chissà chi le avrà perse o buttate. Parcheggio la macchina e scendo con il mio bel vassoio di tortellini fatti a mano, comprati a mo' di offerta di pace per la famiglia ma anche perché mi piacciono molto.

"Sono a casa!"

Entro in soggiorno ma c'è un silenzio strano. Scivolo con il piede su una macchia di bagnato, guardo giù. Immersa in una pozza d'acqua che si sta espandendo c'è la mia borsa da calcio, zuppa, come se Bianca l'avesse messa in ammollo piena com'è, con tutta la roba dentro.

"Bianca? Che è successo al borsone?"

Non mi risponde nessuno. Magari è uscita, anche se è strano, sono passate le sei e in genere a quest'ora cucina per Andrea. Mi sento un idiota con il vassoio di tortellini in mano, meglio che almeno vada a metterli nel frigo.

In cucina trovo Bianca. Sta guardando fuori dalla finestra e quando entro non si volta. Immersa nella luce calda del tardo pomeriggio di maggio, sembra un quadro, con i capelli castani illuminati da riflessi di rame e d'oro. Mi viene un groppo in gola per quanto è bella quella scena, appoggio piano il vassoio sul tavolo e vado a prenderla per le spalle, la stringo, inspiro il suo profumo. Mi è mancata, sono a casa.

Ma lei continua a non voltarsi.

"Non sarai ancora arrabbiata?" le chiedo all'orecchio. "Mi dispiace, sono stato brusco, lo so che sei preoccupata. Vedrai che si sistema tutto."

Sento un brivido che la scuote dalla testa ai piedi. Alza gli occhi a guardarmi e vedo che ha il viso fradicio di lacrime. Divento di ghiaccio.

"Non si sistema niente, Franco," dice in un singhiozzo. E indica fuori dalla finestra.

C'è Andrea, nel giardino. È in piedi in mezzo all'erba con in mano un blocchetto delle costruzioni, quelli grossi per bambini della sua età, giallo vivo. Lo gira e lo rigira tra le mani, lentamente, senza sosta. Lo guarda. Ma i suoi occhi sono vuoti.

Andrea (2007)

Tema: come vedo il mio futuro.
Non facile

Che cosa?
Ciò

Ciò?
Tema.

Il tema non è facile?
Duro.

Soggetto?
Vita.

Dimmi se ho capito bene: il tema della vita è duro?
Sì tanto.

Capisco... che cosa rende difficile il tema della vita?
Io sono no normale.

No normale?
Autistico.

9.
Da Castelfranco all'Africa

Tantissimo ho da dare. Dico sono tanto diverso con figura fuori uguale agli altri, dentro giostra di colori ho.

Andrea, 2010

Autismo.

Sul dizionario, una parola. Nella vita, una bufera.

Cos'è l'autismo? Immagina di uscire e prendere la tua auto. Sali, giri la chiave e la macchina, invece di mettersi in moto, suona il clacson. Tutti ti guardano. Spegni. Riaccendi, stavolta va in moto. Chiudi la portiera, si apre il baule. Metti la prima, va in retro. Mettendo la seconda riesci ad andare avanti, arrivi alla curva, giri a destra e la macchina va a sinistra. Tu sai cosa fare, ma la macchina non lo fa. La gente ti guarda, pensa che tu sia deficiente, che non sappia guidare; suona il clacson, ti insulta. Ecco, l'autismo è quando questa macchina è il tuo corpo e tutto, ogni gesto, le parole, *tutto* è diverso da quello che vuoi fare. Tu vedi perfettamente com'è il mondo, capisci perfettamente cosa succede, ma fai cose diverse da quelle che vuoi, la gente pensa che tu sia scemo e ti tratta da scemo.

Tutto questo lo scoprirò anche troppo bene. Per ora ho trentacinque anni, ho avuto una salute di ferro tutta la vita e l'autismo non so nemmeno cosa sia. Per la verità, i primi medici con cui parliamo usano parole meno precise. La prima: "psicosi".

Ma andiamo con ordine. Prima c'è la vacanza in Calabria, con Andrea. Bianca e io non vediamo l'ora di rilassarci un po' mentre il piccolo è al baby club, gli era tanto piaciuto lo scorso anno. Ma già il primo giorno lo riportano indietro: non riescono a gestirlo. Non ascolta, non partecipa alle attività di gruppo, esce dalle file e si perde in un angolo a giocare con un sasso o a strappare un pezzo di carta. L'animatrice è sinceramente dispiaciuta, ma è come se il bambino parlasse una lingua straniera, anzi no, come se fosse proprio in un altro mondo. La congedo con impazienza, borbottando contro la gente che non sa fare il suo lavoro. Bianca, con Andrea per mano, ha un'aria desolata e consapevole che mi spezza il cuore. E la vacanza, naturalmente, diventa ben poco relax e molto tempo a correre dietro a lui.

Tornati a casa, non va meglio. Andrea è strano, si isola, si fissa, si comporta in modo bizzarro, getta continuamente le cose nel fiume. Ho in mente come un'ossessione l'immagine di quel giovedì sera, la mia borsa da calcio da cui l'acqua si spande lentamente sul pavimento, come una maledizione. E scarpe in casa non ne abbiamo quasi più: ogni settimana ne finiscono molte nel fiume. E vanno con la corrente. Alcune le recuperiamo, tante invece no. Andrea ha buttato la mia borsa in acqua altre due volte, da allora. Gli dico di non farlo, lo rifà, gli spiego che è sbagliato, me lo rifà davanti agli occhi. Allora prende due scapaccioni, ma il giorno dopo ci risiamo di nuovo. E non mi guarda. Mai.

A settembre comincia l'asilo.

"Dirò alle maestre di tenerlo d'occhio, loro hanno esperienza, magari capiscono cosa c'è che non va," si ripromette Bianca.

"Ma no, non dire niente! Ovvio che se le allarmi fin da subito poi si metteranno a dire anche loro che ci sono dei problemi. La gente fa un sacco di storie, se gliele lasci fare."

"Ma scusa, è ovvio che ci sono dei problemi, no? Non dà retta, non ascolta, non sorride più!"

"È che gli stiamo troppo dietro! Io ho passato tutta l'infanzia a cavarmela da solo e a badare a mio fratello e agli altri, mia madre mica era sempre lì a guardare come stavo e dove andavo, lui è iperseguito. Poi per forza diventa viziato!"

Non ci credo neanche io, non del tutto. Ma voglio crederci, disperatamente. In fondo che ne so, io, di cosa è normale in un bambino?

Esco per andare al lavoro, li accompagno, li guardo scendere davanti all'asilo. Ho il cuore pesantissimo.

Non passa neanche una settimana prima che ci chiamino le maestre. E stavolta non c'è niente da fare: si va dal medico. Reparto neuropsichiatria infantile dell'ospedale di Castelfranco.

Psicosi.

Ci segue il primario di Neuropsichiatria, che per cominciare bene ci tira il pacco due mattine di fila perché ha perso il treno, avvisandoci all'ultimo, quanso siamo già lì con Andrea in piena agitazione. E quello che mi fa impazzire veramente è che gli esami li fanno a me e a Bianca, mica ad Andrea. E d'accordo i questionari: nome del padre, nome della madre, quanti fratelli, quante sorelle, malattie genetiche, anamnesi familiare (anamnesi: diventerà familiare perlomeno la parola). E d'accordo le domande sul bambino, sulla sua storia, sui suoi comportamenti, sull'ambiente. Ma la terapia di coppia?

"Maledizione, la terapia di coppia? Ma a loro che gli frega di queste cose?" Sbatto la mano aperta sul volante, pieno di frustrazione. Bianca scuote la testa, non lo sa neanche lei. Sa solo che nostro figlio ha qualcosa che non va e dobbiamo scoprire cosa: se bisogna mettere a nudo la nostra vita e la nostra relazione davanti a uno psichiatra, faremo anche questo.

Ma trascorrono le settimane, si continua a parlare di psicosi, e non si fanno passi avanti verso una soluzione. Intanto amici e conoscenti provano a rendersi utili con ipotesi e consigli.

Non è colpa loro, ma non ci riescono.

Gli ospedali, quanti ospedali: Treviso, Padova, Milano, Genova, per fortuna che giravamo l'Italia già per mestiere e stare in macchina non ci pesa, ma Ulisse nell'*Odissea* aveva fatto meno strada. Carichiamo Andrea dietro con i cuscini e le coperte alle cinque del mattino e si parte per la via crucis. Torniamo con boccette, goccine, pillolucce, fiori di Bach; Bianca ha le occhiaie sempre più profonde, a me sono spuntate delle rughe nuove ai lati della bocca a furia di stringere i denti. Mentre torniamo da Bergamo e dall'ennesimo consulto delirante, giuro che scriverò un libro.

"Luogo, data, nome del cosiddetto specialista. Roba da denuncia. Ce li voglio mettere dentro tutti. Tutti, dal primo all'ultimo!"

"Dai, Frank, tanto è inutile attaccar briga..." Ma non è convinta neanche lei, in realtà è furibonda quanto me. È lei quella che combatte contro la burocrazia, lei che prende gli appuntamenti ogni settimana con un ospedale diverso, lei che cerca di capire come fare con la scuola, lei che prega e parla con i preti e si sente dire: "È la volontà di Dio", o una volta da un memorabile cialtrone: "Si vede che sta espiando i peccati di una vita precedente". Solo a noi poteva capitare l'unico prete che crede nella reincarnazione ... E sempre lei che di fronte a questo campionario della stupidità e dell'impotenza umane riesce a tener ferme le mani, io non ce la farei a non attaccarli al muro. Io porto in macchina Andrea nell'ennesima alba disperata e stringo i denti, ascolto l'ennesimo medico che spiega la sua idea del momento senza fondamento e stringo i denti, intasco l'ennesima boccetta di goccette inutili e stringo i denti, pago l'ennesima parcella da trecentomila lire e stringo i denti. E mi chiedo come facciano le altre famiglie, con meno tempo e meno mezzi e gli stessi problemi. Ho l'impressione che lo scoprirò, più presto di quanto vorrei.

Facciamo benedire la casa, qualcuno ci ha detto che una volta, tanto tempo fa, ci si è suicidato un tizio.

"Ma l'abbiamo tirata su da capo, della casa vecchia non è rimasta pietra su pietra!"

"Proviamo anche questa, Frank."

Proviamo anche questa, e per due settimane viviamo nel residence dai miei mentre aspettiamo che gli spiriti maligni sgomberino la casa di Riese, dopo aver bruciato un cuscino di piume e non so più che altri oggetti nostri e di Andrea, dopo aver detto non so quante preghiere, benedetto ogni angolo, ogni ragno.

La verità è che la casa di Riese, la casa dei sogni, non la sopportiamo più, benedetta o meno. È diventata una prigione: ora che non possiamo muoverci come vorremmo, perché Andrea è sempre in casa, almeno deve essere facile per gli altri venirci a trovare e i miei genitori sono un grandissimo aiuto, ma non possiamo fargli fare tutta quella strada ogni volta. Cominciamo a pensare di venderla, tanto ormai è diventata solo una tappa per dormire fra trasferte di lavoro e i tanti viaggi per i medici di Andrea.

Bianca è stata perfino da Milingo. Una volta alla settimana c'erano questi incontri a Ravenna, una chiesetta piena di gente dove si porta l'acqua o l'olio da far benedire al santo cardinale, il quale poi esorcizza i postulanti in una stanzetta dietro, a turno. Tutta la notte in attesa, a bere solo acqua e pregare per purificarsi, con il bambino che non si fermava un momento. Povera Bianca, e al ritorno Andrea stava come prima. Peggio di prima, perché man mano che cresce è sempre più iperattivo, corre e scappa e non sente ragioni, non si acquieta mai, non dà retta. Figurarsi, già non stanno mai fermi a quell'età i figli dei miei amici anche quando... Fa male anche a pensarlo, *anche quando sono normali*.

Dopo molti altri centri e ospedali, Bergamo, Milano, Zurigo, è a Siena che è arrivata la diagnosi sicura, la certificazione, la sassata definitiva. È quello il centro in cui decretano ufficialmente l'autismo.

"Suo figlio è autistico."

Sulle prime è come quando prendi un pugno, barcolli ma non ti fa neanche male.

"Almeno adesso ha un nome, questa cosa."

Ho lasciato Bianca e Andrea in ospedale per gli esami, ci vorranno ancora tre giorni. Ho conficcato nel cuore quel momento tremendo di silenzio quando li ho salutati, gli occhi vuoti di Andrea, quelli lucidi di Bianca. Un momento in cui parlare era inutile e tutto era lontanissimo, la speranza, il futuro. Tutto. Tornando verso Castelfranco mi sono fermato in una piazzola dell'autostrada, ed è lì che si è scatenata la bufera. Un pugno al cruscotto. Poi un altro. Un altro, più forte. Una tempesta di pugni, alla macchina, alla vita, come se potessi sconfiggere a suon di botte l'impotenza, questo mostro invisibile. Come se vincendo questo match di pugilato potessi dare a mio figlio la possibilità di giocarsi la sua, di partita. Non volevo neanche pensarci, che questa possibilità non l'avrà mai. Ma è quello che mi hanno detto oggi. È questo che significa "autismo", per quel poco che io sappia.

Eppure non è possibile, non è accettabile, non si può. Non possono arrivare gratis, queste cose, a uno così piccolo, che nella vita di male non ha fatto niente. Dovrebbe esserci un bonus-malus a seconda di cosa fai, se fai le cose fatte bene va tutto bene e se fai le cose fatte male allora sì, ti arriva l'autismo. Se quello che ha parlato dei peccati delle vite precedenti avesse ragione, allora almeno avrebbe senso. Ma non ci credo a questa cosa, *non è così*, maledizione. Perché mio figlio deve passare la vita in questo modo, che cos'ha fatto? Se fosse logico, se fosse ragionevole... Rubi? Ti si infetta la mano! Freghi qualcuno per arrivare primo? Ti rompi una gamba! Ma così no, non va bene, così *non è da Dio*. Piango e massacro di botte il cruscotto, non sento il male alle mani che domani saranno rotte, non sento l'odore del sangue che cola sull'autoradio:

E da qui... e da qui...
Qui non arrivano gli ordini
a insegnarti la strada buona...
E da qui, e da qui
qui non arrivano gli angeli.

"No, Frank, in Senegal non posso, mi dispiace, non me la sento. In Senegal vacci tu."

Bianca è stremata e la capisco. Io sono spesso fuori casa, l'azienda deve pur andare avanti e, per fortuna, di lavoro ne abbiamo un sacco, continua a essere un periodo d'oro. La maggior parte del tempo, così, finisce che c'è lei, con Andrea, è lei che si carica sulle spalle la quotidianità di questa nostra nuova, estenuante condizione di genitori di un bambino disabile. All'asilo privato hanno rifiutato di prendere la maestra di sostegno, non la vogliono neanche pagata da noi. E all'asilo pubblico, dove abbiamo trasferito Andrea, sono più le volte che la maestra non ha idea di cosa fare che quelle in cui si riesce a stare tranquilli. In casa nostra è un viavai di assistenti, badanti, educatori, aiutanti. Qualcuno deve pur pagarli, loro e questa infinita teoria di consulti da trecentomila lire, poi quattrocento euro, seicento euro, per non parlare dei viaggi. E come li pago, se non lavoro?

Ma intanto Bianca è sfiancata dalle giornate a correre dietro ad Andrea, dalle serate trascorse ad abbracciarlo, ad accarezzarlo, a passargli il phon su tutto il corpo, a massaggiarlo con la rotellina massaggiacollo, un'ora al mattino, un'ora la sera... È il periodo del metodo Delacato, praticato per anni cercando di captare ogni impercettibile cambiamento. Ci hanno prescritto o anche solo consigliato queste pratiche, perché il contatto dei genitori è importante, perché bisogna fargli sentire l'affetto. Andrea lascia fare, quando proprio non ne può più si divincola, ma di sicuro non migliora.

È stato Falilou a parlarci di suo nonno, che in Senegal è il papa nero di Touba.

Voi lo sapete cos'è Touba? Io non lo sapevo. Mi avessero proprio costretto a dare una risposta, avrei detto che forse è un tipo di cappello. E invece, grazie a questo giovanotto che lavora come cameriere nei ristoranti di Castelfranco e che è diventato amico di mio fratello, scopro che Touba è una città del Senegal centrale. Una città santa dell'islam. Di una particolare confessione dell'islam chiamata mouridismo, per la verità, come imparo documentandomi, ma non sono distinzioni che mi interessino. Mi sembra più bello il fatto che il nome della città, nella lingua locale, significhi "felicità". Nel senso di quella eterna, del paradiso, non la felicità terrena che personalmente è quella che preferisco, ma comunque il pensiero di imbarcarmi su un aereo verso "felicità", di questi tempi, mi sembra già un passo avanti. Mi piace meno il fatto che siano banditi il fumo, l'alcol e persino la musica, svaghi potenzialmente peccaminosi.

In ogni caso Falilou sostiene che suo nonno può aiutarci. È un uomo santo e può scacciare il male di Andrea. Un'assurdità? Può darsi, ma i fiori di Bach, i massaggi, la manipolazione cranio-sacrale, l'osteopatia e un milione di cure prescritte da fior di luminari, in questi mesi che sono diventati anni, non hanno dato nessun risultato. Di fronte al nulla di fatto della medicina tradizionale, perché non dovrei permettermi un tentativo anche con il sant'uomo?

"Franco, le cose non vanno così," mi ammonisce Bianca. "Non è che fanno il rito e Andrea guarisce. Queste cose succedono se devono succedere, *perché* devono succedere. Non puoi comandare i miracoli."

Bianca è sempre stata più avanti, e in questi mesi è diventata ancora più saggia. Una parte di me lo sa, che ha ragione lei. Ma una parte più grossa non si rassegna.

"Magari hai ragione tu. Ma io e Andrea andiamo a giocarcela lo stesso."

Invece delle vacanze, una settimana africana a caccia di speranza. Ci imbarchiamo, insieme a mia madre. Sì, anche lei, che viene a darmi manforte. Non ci sono parole per dire quanto sono stati meravigliosi i miei genitori in questa storia, senza il loro aiuto sarei impazzito.

Atterriamo a Dakar e poi con una macchina arriviamo in questo posto incredibile che è Touba. Siamo immersi nel caldo e nei colori caldi, giallo, ocra, rosso, terracotta. Nell'aria che ondeggia per la temperatura elevata svettano i minareti e le cupole della moschea, bellissima. Tengo per mano Andrea che cerca di fuggire e andare di qua, di là, a campi di mirtilli, a farsi i fatti suoi, come sempre. Più di ogni altra cosa vorrei che potesse parlarmi, dirmi cosa sente, cosa pensa. Invece non parla, e dai suoi occhi non traspare niente: sentimenti, passioni. Tutto sigillato là dentro. Voglio credere che si renda conto della bellezza di questo posto, che goda il caldo sulla pelle. Che anche se è rinchiuso nella sua testa in questo modo crudele, il mondo esterno riesca a penetrare, a dargli almeno un po' di felicità. Non lo so, non so niente, non ne so abbastanza.

"Forse non lo saprai mai. Devi accettarlo," mi sussurra la solita vocina disfattista nella testa. Ma per me "accettare" vuol dire *arrendersi*. Io no, credo che questo non lo accetterò mai.

"Troverò il modo di parlarti, Andre. Verrà il giorno in cui ci capiremo, tu e io," prometto stringendogli la manina e stringendo i denti ancora un po'.

Falilou ci guida sicuro per le strade, e mia madre e io siamo sbalorditi nel vedere la gente che lo riconosce, lo saluta. Molti si genuflettono sulla strada polverosa e gli baciano la mano. È proprio vero, allora, che è il nipote di uno importante. Lui accetta questa reverenza con tranquillità, come se fosse dovuta. Vestito nella sua *djellaba* bianca, mi sembra quasi diverso, più dritto, con un profilo più nobile, ma so bene che è lo stesso ragazzo alla mano che a Castelfranco serve birre nei ristoranti e per integrare lava anche le macchine. Guardo un po' attonito questa scena e realizzo che in realtà non sappiamo un accidente di quello che pensiamo di sapere; quando guardiamo la gente, magari anche tutti i giorni, e la giudichiamo.

Entriamo fra le mura di un grande cortile, alte mura di pietra chiara, c'è un sacco di gente a darci il benvenuto. Non capisco niente, sorrido molto, anche mia madre si sente un po' fuori posto e sta vicina ad Andrea come se avesse paura di perderlo. Ma lui per una volta è tranquillo, forse intimidito dalle novità.

Ci hanno preparato un pranzo, ci sediamo per terra a gambe incrociate, su dei cuscini attorno a un tappeto ricamato. Carne molto speziata, buonissima, da mangiare con le mani aiutandosi con uno strano pane spugnoso.

"Non sarà un po' forte per un bambino di neanche sei anni?" sibila mia madre.

“Mamma, mica possiamo chiedere degli spaghetti al ragù,” le rispondo. “Rilassati. Se proprio non mangia niente, gli troviamo qualcosa dopo.”

Ma Andrea qualche boccone lo mangia, si vede che lo stomaco non lo ha preso da me: è un duro lui. Gli stringo una spalla e prego tutti gli dèi che conosco e qualcuno di quelli che non conosco che questo rito abbia successo.

Dopo il pranzo e le chiacchiere, ci portano al centro di uno spiazzo e il nonno di Falilou ci dà una specie di benedizione, con acqua e olio. Non capisco nulla di quello che dicono lui, l'altro celebrante e le persone intorno, cerco di fare stare fermo Andrea e spero di avere in faccia l'espressione giusta. Mica facile, in piedi in questo spiazzo arroventato con i capelli appiccicati al collo dal sudore. Senti l'energia che vibra fra tutte queste persone che stanno pregando per noi? mi chiederebbe Bianca. Io sento solo la carne speziata sullo stomaco. Ma per pregare prego, più forte di tutti gli altri.

Qualcuno conduce nello spiazzo un vitello e un gallo, il celebrante prende un coltello. Sento Andrea che trasale quando la lama incide il collo di un animale, poi dell'altro. L'odore del sangue fresco riempie l'aria e mi fa girare la testa, mentre un giovane dall'espressione seria lo raccoglie in un catino lasciandolo zampillare dalle due bestie morenti. Con la coda dell'occhio vedo mia madre che si fa furtivamente il segno della croce e spero che non ci abbia fatto caso nessun altro. La folla mi attornia e mi stordisce, il caldo è soffocante, è come se tutto girasse e si confondesse in una ridda di colori, suoni e suggestioni.

Il celebrante viene verso di noi seguito dal ragazzo con il catino. Immerge le mani nel sangue, ce ne spalma addosso più che può mormorando altre benedizioni. Mi sento scivolare addosso il fluido viscoso, scuro, mi cola negli occhi, l'odore è intensissimo. Andrea non si sta muovendo, non capisco bene se è spaventato, affascinato o solo disinteressato: spero non la prima.

Il mio lato razionale non si lascia silenziare e continua a ripetere che se bastasse sgozzare un vitello, per risolvere i problemi, non ci sarebbe più neanche un vitello vivo sulla faccia della Terra. Ma sono impotente, non so cosa fare, lasciarmi andare è come dire a una potenza divina superiore: "Se ho sbagliato qualcosa sono qui, chiedo scusa, rimedio. Portami via le gambe, le braccia, la vita ma lascia che mi senta dire: 'Ciao papà, sto meglio, era solo un incubo'".

Lì nello spiazzo, immerso in questo sole caldissimo, in questo fortissimo odore di vita e di morte, in questo mormorio delle preghiere intorno a noi come una vibrazione che sale direttamente dalla terra, chiudo gli occhi e mi abbandono al momento, alla forza della convinzione di queste persone, alla speranza.

Andrea (2013)

Andrea, ti ricordi qualcosa del Senegal?
Bisogna sperare per vivere
questo il senso di quel
viaggio di spirito che ricordo
per sensazioni e non per
immagini dolore dentro
ho sentito

10.

Due gradi di perdita

Non tenetemi fuori dal mondo io sento e vedo oltre

Andrea, 2008

Sono stanco, mi tremano le gambe per il troppo ballare. Era un sacco che non mi succedeva. Negli ultimi anni non faccio molta vita mondana: troppo lavoro, troppe preoccupazioni per Andrea, troppo di tutto. Niente più normalità, mai. Trovo momenti per me: il calcio o la corsa per preparare la maratona.

Ogni tanto esco con i miei amici, con i miei soci. Con poco tatto ma con l'intenzione di farmi un complimento, dicono che non sanno come faccio a tenere insieme tutto, con quello che mi è capitato. Ma se rinunciassi ai miei spazi di vita normale impazzirei.

Ovviamente il viaggio in Senegal non ha risolto nulla e Andrea sta esattamente come prima. Per di più, quando sono tornato, ho tirato fuori dalla valigia la telecamera per far vedere a Bianca le scene del rituale, che avevo filmato quando non ero coinvolto in prima persona. Ma la videocassetta non c'era più.

Ora. Io lo ricordo distintamente: ho fatto la valigia, ho preso la telecamera per infilarcela dentro, ho guardato com'era venuta la ripresa ed era tutto lì: il nonno di Falilou, la gente in preghiera, gli animali, il sangue, tutto. Ho lasciato la videocassetta nella telecamera, ho chiuso la valigia, bella sigillata, e fino all'aeroporto non me ne sono separato, lo giurerei. Eppure a Castelfranco, riaprendo la stessa valigia, la telecamera era vuota. Ma quale ladro da aeroporto ruba una cassetta e lascia lì la telecamera?

"Certe cose non si possono filmare, Frank," mi ha detto Bianca. "Non è permesso."

"Ma come non è permesso, se me l'hanno lasciato fare."

"Te l'hanno lasciato fare, ma la cassetta è sparita."

"Deve averla presa Falilou mentre non guardavo. È l'unica spiegazione." Ma Falilou nega, e le prove della nostra avventura senegalese sono svanite. Di certo, guardando Andrea, si direbbe che non ci siamo mai mossi. In nessun senso.

Abbiamo ricominciato il giro dei medici e ora siamo immersi da mesi in un altro metodo: esami costosissimi, viaggi a Bologna e a Bari, una dieta ferrea e pillole, flaconi, quintali di olio di fegato di merluzzo. Aiuto. Il metodo si chiama Dan e arriva dagli Stati Uniti. Andrea e io seguiamo la dieta insieme, anche se quando sono in giro per lavoro mi sfogo e compenso. È dura, ma ci sono medici e professori a sostenere che ci si possa disintossicare dai danni derivati dai vaccini. Alle loro spalle ci sono studi importanti, prove scientifiche, riscontri sui ragazzi: bisogna tentare. Ammesso che siano stati i vaccini a causare questo disastro: io non sono un medico e non posso saperlo. Ma certo è strano, un bambino sanissimo, poi, dopo la vaccinazione trivalente, quella lunga febbre e la lenta discesa nell'inferno dell'autismo, il piccolo che diventa sempre più strano, sempre più astratto, sempre più chiuso, mese dopo mese, e non c'è stato ritorno. Se la causa è stata un'altra, davvero non so pensare a quale, ma io sono solo un padre che ha fatto uno più uno e ha ottenuto due. Alla richiesta di risposte gli esponenti di case farmaceutiche e del settore medico oppongono semplicemente un "Non è provato che i vaccini siano la causa". Ho capito, ma non è provato neanche il contrario. I vaccini hanno debellato alcune malattie e salvato intere generazioni, ma forse non ne conosciamo bene tutti gli effetti. Sono ancora utili ora, così come sono? E farne tre o sei in un colpo a bambini di diciotto o ventiquattro mesi? Quando cominci a informarti, quanti dubbi! Non è stato il vaccino? E allora cosa è stato? Perché la spiegazione più logica non potrebbe anche essere quella giusta?

Sia come sia, magari proveremo anche la disintossicazione. Già adesso tra gocce omeopatiche, rituali e terapie la vita è una corsa a ostacoli di tempi e tabelle, obblighi e divieti. Posso solo immaginare come si sente Andrea, anzi non posso. La cosa più vicina a cui riesco a pensare è il mio difetto più imbarazzante: non sono fisionomista. Non mi ricordo le facce, non riconosco la gente. La ragazza che mi serve il caffè al bar tutte le mattine, se la incontro la sera in piazza vestita diversamente, non so più chi è, e non la saluto. Ricordo a memoria tutti i numeri di telefono, persino le targhe delle auto, ma con i visi è una battaglia persa. Poi le persone si offendono, e le capisco. Ecco, forse per Andrea le cose stanno un po' così, ma all'ennesima potenza. Sei disconnesso e fuori fuoco, e chi ti sta intorno non capisce. Ma come, non la riconosci? Eppure è così facile. Ma come, non riesci a parlare, muoverti, comunicare? Eppure è così facile.

Forse niente è facile. Forse ci sono gradi diversi di difficoltà in una vita a ostacoli, e siamo tutti disabili in qualcosa.

Ma tanto che senso ha farsi tutte queste domande. Domani è un altro giorno, un altro medico.

Intanto stasera cerco di vivere il mio momento di relax, di ridere e lasciarmi trasportare dal ritmo di una musica, con gli amici fuori da questo locale. L'aria è mossa da un vento leggero che porta l'odore del mare, non molto lontano. Tiro fuori il cellulare dalla tasca.

Ventidue chiamate senza risposta.

Sette messaggi.

Con il cuore in gola, guardo le telefonate. Sono tutte di mio zio. Mio zio? Non mi chiama da anni. Anche i messaggi sono tutti suoi, e dicono tutti la stessa cosa: "Chiama appena puoi"; "Vieni a casa appena puoi".

Sbaglio tre volte il numero per la fretta di comporlo, poi finalmente lo azzecco. Mio zio risponde al primo squillo.

"Tuo papà ha fatto un incidente."

Non so neanche cosa rispondo. Chiudo la comunicazione. E in piedi, in questo parcheggio di un locale perso nella campagna dalle parti di Venezia, mi colpisce una certezza limpida e letale come una stilettata. Mio padre è morto.

Lo ha trovato il cinese che è in affitto nel nostro ristorante, mentre portava fuori la spazzatura a fine serata. Papà era in macchina, nel posto dove parcheggia nel garage del residence. Seduto con le gambe fuori sul sedile posteriore. Era appena tornato da Lignano, aveva accompagnato mia mamma al mare, deve essere sceso dalla macchina, essersi sentito male, aver pensato: mi siedo un attimo qua dietro e mi riprendo.

Non si è ripreso. Non si è più alzato. Il cinese ha chiamato mio zio. Ambulanza, ospedale, medico, ma era troppo tardi.

Tutto questo non lo so ancora, mentre guido fino a casa come in trance, assurdamente tranquillo, con la mente avvolta in una sorta di ovatta disperata. Ho telefonato a mio fratello che sta rientrando da Bassano, lo zio gli ha detto le stesse parole: "Tuo papà ha fatto un incidente". Anche lui, lo so, è stato fulminato dallo stesso pensiero: è morto. Certe cose le sai e basta.

Perché affrettarmi, ora? Scoprirò che le procedure sono brevissime. Le pompe funebri si occuperanno di ogni cosa e domattina, alle otto e zero cinque, sarà già tutto finito: il vestito, la scelta della bara, gli accordi con il prete per la cerimonia. Uno muore ed è già tutto previsto, tutto fatto. Veramente non siamo nulla. Una sera stai guidando una macchina, la mattina dopo alle otto e zero cinque sei praticamente già sotto terra. Io vorrei una settimana di canti e balli e mangiate e aneddoti e lacrime e ricordi e risate, vorrei una celebrazione lunga e piena come la vita che l'ha preceduta, vorrei una festa, sì proprio una festa. E invece, alle otto e zero cinque, della vita che è stato mio padre rimane un mucchietto di procedure espletate.

Tutto questo non lo so, mentre guido verso Castelfranco cercando di tendere al massimo i minuti di questa notte calda di luglio che mi trasforma in un orfano. Non lo so e ci sarà tempo per saperlo. Ci sarà tempo per vedere il viso composto e perduto di mio padre. Tempo per sbrigare tutte le pratiche. Tempo per andare a recuperare mia madre a Lignano e cercare di attutirle il colpo. Tempo per ricordare le notti di guardia nella lobby dell'albergo, il gesto concentrato con cui si puliva calmo gli occhiali prima di dirmi qualcosa di importante, la mano che tendeva ad Andrea e il suo modo di stargli vicino. Tempo per capire che ora sono il capofamiglia, in prima fila come se fosse crollato uno schermo tra me e le mille intemperie della vita. Tempo per farmene una ragione. Tempo per sentirmi solo. Addio papà. Mi hai insegnato tutto quello che potevi e poi mi hai lasciato volare.

Tra mille messaggi di condoglianze uno, mandato da un amico, mi si imprimerà a fuoco nella mente.

"Quando muoiono i padri, crescono i figli."

Qualche mese dopo, con due amici, parto per una vacanza. Destinazione Nord del Brasile, stato del Ceará. Portiamo anche Andrea. Lo so che non sarà una passeggiata, ma certo nemmeno difficile come a casa. I problemi infiniti con la scuola, gli insegnanti di sostegno che cambiano di continuo, ma soprattutto la vita quotidiana. Esci e non ce la fai a tenerlo per mano, cerca di scappare e devi stringere forte, i passanti ti guardano come se fossi un mostro mentre trascini questo bambino che si divincola, poi corre a toccare questo e quello, butta per terra il gelato, trova un pennarello e si mette a istoriare la prima parete che gli capita a tiro, decide che ha voglia di cantare ma le sue canzoni sono un urlo e la gente non capisce, prende le cose nei bar ed esce senza pagare, devi avere cento occhi.

La nostra società non è fatta per la gente diversa.

Quando negli anni ottanta, al mio primo viaggio, mi sono innamorato del Brasile non è stato per la bellezza di quella terra e il suo clima, per la cultura, per il modo di vivere. La gente lì è più semplice, naturale, tranquilla, allegra. Soprattutto ha un altro senso delle priorità. L'amore, la musica, l'amicizia, ballare vengono prima. Mare e sole, che sono la vita. E poi certo, ma solo poi, il lavoro, gli impegni, il resto.

A me, che sul lavoro sono precisissimo, questo disordine creativo dà una carica pazzesca, in vacanza. Il fatto che con una pentola e due bastoni si improvvisa una festa, che si può non avere niente ma essere felici, con la frutta che c'è nel giardino di casa e i bambini che crescono un po' in comune, anche il mio. Forse vedo tutto con le lenti rosa, come ogni innamorato che si rispetti, ma mi sembra che anche nel non fare niente per migliorarsi o per migliorare la loro condizione ci sia saggezza, ci sia rispetto, ci sia più autenticità che nel nostro Occidente dove è tutto più finto, costruito, programmato. Forse il Brasile è semplicemente il posto in cui si libera un lato di me che a casa tengo più a freno. A casa devo essere svizzero, meticoloso, ho sulle spalle persone, famiglie, vite. Però sono anche un po' zingaro, un po' avventuriero, e nel mio "altro mondo" posso esserlo compiutamente.

Magari qui, dall'altra parte del mondo, Andrea sarà un bambino di sei anni, autistico, ma "un po' meno diverso".

Sono tranquillo, il pomeriggio che lo lascio con la babysitter e vado in città a fare delle spese. Voglio comprare della carne per una bella grigliata con i vicini, domani. E un po' di frutta, la frutta spettacolare che matura dolcissima nel sole di questo paese. Mi faccio strada tra i banchi del mercato immergendomi nei colori e nei richiami, mi fermo a guardare un tavolo su cui sono disposte catene di immaginette dei santi da attaccare al muro, amuleti un po' sacri un po' pagani come è uso nella disordinata e generosa spiritualità di questo posto.

Mi perdo con gli amici che sono venuti in vacanza con me, Marco e Pierino, nell'allegria di una festa paesana in spiaggia, i colori, i sapori, finalmente la spensieratezza.

Sto comprando proprio una catena di immaginette – crepi l'avarizia, crepi l'agnosticismo – quando mi arriva la telefonata della babysitter.

È sparito Andrea. È scomparso da mezz'ora.

Salgo in macchina e volo verso casa, insieme a me Marco che ricorderà per sempre questo pezzo di strada. Scoprirò poi di aver preso sei multe tra velocità e semafori. A casa la babysitter in lacrime mi spiega che si è distratta un momento mentre Andrea giocava in giardino.

"Solo un momento, signor Franco, glielo giuro!"

Le credo. Lo so, può essere velocissimo a sparire. La casa è completamente recintata, chissà che buco avrà trovato per sgusciare fuori. Persino nel mio stato di angoscia non me la sento di strapazzare la povera ragazza. Però non ho neanche tempo di confortarla: devo andare a cercare mio figlio.

Faccio il giro di tutti i vicini, da loro non c'è, nessuno lo ha visto. Marco comincia a battere i dintorni palmo a palmo, le strade, la vegetazione. Intanto io corro alla polizia, entro nell'ufficio come una furia in calzoncini e infradito: "Mio figlio è sparito".

"Da quanto tempo?"

"Da più di un'ora."

Il poliziotto non toglie i piedi dal tavolo né la cicca dalla bocca.

"Qui i bambini non li cerchiamo."

È come una secchiata di acqua gelida: "Come sarebbe a dire 'non li cercate'?".

"Non li cerchiamo. O ricompaiono nel giro di ventiquattr'ore oppure sono spariti."

"Ma come 'oppure sono spariti'? Così, nel nulla?"

Prende da uno scaffale dietro di sé un registro e penso di aver finalmente fatto breccia in lui. I suoi movimenti sono di una lentezza esasperante ma apre il registro, suppongo per prendere la mia denuncia e cominciare le ricerche. Invece lo gira per farmelo leggere. Una lunga lista. Nomi, cognomi, età – tutte di una cifra sola – e foto, e di fianco una parola. *Desaparecido*.

Scomparso.

Lo guardo allucinato e lui alza le spalle, sempre più indifferente, sempre più odioso: "Li hanno presi i coccodrilli. Il mare...".

Non continua l'elenco, ma potrei farlo io per lui. I crepacci. I trafficanti di organi. Se non vado subito fuori di qui, gli metto le mani addosso. Invece me la prendo con il registro, lo scaravento per terra, lo calpesto mentre esco di corsa.

Il mare.

Sono venuto a piedi ma non posso andare a piedi fino alla spiaggia, perderei tempo prezioso. Salto su un motorino tipo Ciao, appoggiato a un palo fuori dal commissariato: è di quelli senza chiave, che partono pigiando sul pedale. Mi ricordo come farlo andare. Certo che non è mio. Ma penso, se pure ci penso, che chiunque sia il proprietario capirà. Capirà che io devo cercare un bambino. Devo fare in fretta.

Il mare.

Parto a tutto gas verso la spiaggia, sobbalzando tra le buche. Il sole comincia a calare e presto il mare diventerà un'unica distesa di olio nero in cui sarà impossibile vedere alcunché. Una piccola testa che chiede aiuto tra le onde. Solo che non griderebbe aiuto. Andrea non parla. Un corpicino abbandonato sulla sabbia calda.

Una spiaggia, poi un'altra, una macchia di foresta, poi un'altra, e strade e case e vicini e sconosciuti che interrogo in portoghese. Ogni mezz'ora ripasso da casa, mi fermo fuori dal cancello sul mio motorino rubato, grido: "È tornato?".

Ma mi rispondono solo dei "no" sempre più desolati. Ormai è buio. È buio e mio figlio è lì fuori da solo. Non sa neanche chiedere la strada di casa. Andrea. Maledizione, Andrea. Sei lunghe ore di terrore.

Poi, all'ennesimo passaggio da casa alle dieci di sera, la risposta è diversa: "È qui, Franco! È qui, lo abbiamo trovato!".

Non è vero.

Lo so che non è vero, lo dicono solo per farmi entrare in casa a riposare. Lo so con certezza incrollabile. Il mio bambino è ancora lì fuori, chissà dove. Ma io sono esausto. Non sto più in piedi.

Entro in casa.

E Andrea è lì, sdraiato su un'amaca sotto il portico. Sorride. Mi avvicino incredulo, dopo tutte quelle ore di angoscia, averlo lì sano e salvo sembra un sogno.

D'istinto gli mollo un ceffone come non gliene ho mai dati, lo scrollo, disperatamente, violentemente, mentre comincia a piangere. Lo abbraccio. Lo sgrido, urlo. Piango anch'io.

Attorno a noi piangono o parlano tutti insieme: Marco, la babysitter, alcuni vicini assortiti venuti a dare aiuto e conforto. È una scena di puro delirio.

Più tardi, a cena in un ristorante poco lontano dove andiamo per far sbollire l'angoscia del pomeriggio, Marco mi racconta di come l'ha trovato. Ha visto girare in lontananza delle pale eoliche e senza una vera ragione si è diretto da quella parte in macchina. Le ha raggiunte e superate e poi è tornato sui suoi passi. E sulla via del ritorno se l'è trovato lì, Andrea, in mezzo alla strada, a dieci chilometri da casa, con indosso solo il suo costume blu e a piedi scalzi, intento a fissare le pale.

Ha inchiodato. "Andrea! Sali!"

Lui gli ha fatto un bel sorriso, ha dato un'ultima occhiata alle pale e ha ripreso per la sua strada.

"Allora sono sceso, l'ho caricato in auto senza troppe cerimonie, e l'ho portato a casa," conclude il mio amico bevendo un sorso di caipirinha. Poi indica il mio piatto: "Avevi fame, eh?".

Guardo anch'io e mi rendo conto che quella che sto divorando è la terza, enorme bistecca con patate. Per la verità non avevo neanche tanta fame, quando ci siamo seduti. Ma mi sembra che qualunque cosa butti giù, stasera, non riuscirà a colmare il pozzo di ansia e paura e inadeguatezza e colpa che questa cosa mi ha scavato dentro.

L'anno scorso ho perso mio padre. Oggi ho quasi perso mio figlio.

Sono segnali forti della vita: devo fare qualche passo in avanti, ansie e paure non possono dominarmi.

Ma come si fa?

Andrea (2008)

Come mai sei agitato?
Tanti cambiamenti

Quali?
Per me vita diversa.

Prova a spiegarci...
Brasile tutto diverso.

Non capiamo, come colleghi il Brasile all'agitazione?
Ascolto gioia in Brasile qui non sono visto dagli altri.

Capiamo il tuo disagio... poco alla volta è importante rimettersi in gioco anche qui... Che ne pensi?
Difficile ritornare devo fare lo so.

11.
Meditazioni

Disegno i miei pensieri.
Il mio mondo è un arcobaleno di colori.
I colori sono i miei umori e le parole che non riesco a dire

Andrea, 2011

"Sei sicuro che vuoi andare?"
"Ci stavamo divertendo!"

Gli amici protestano, ma io sono fermo nella mia decisione: devo prendere un aereo e andare a Recife. Se fosse una cosa che funziona? Non mi perdonerei mai di non aver provato.

È stata un'amica di Bianca a parlarci di Claudio, uno sciamano brasiliano. Ormai da anni siamo immersi in questo marasma di esami e terapie, metodi e delusioni, e anche questo stregone non ci fa più effetto. Terapeuta o sciamano, esperto in manipolazione cranio-sacrale o esperto in voodoo: nomi e qualifiche si confondono nel turbine di un'unica certezza. Siamo disperati e nessuno ci aiuta. Questo Claudio perlomeno mi ha risposto subito, ha accettato di ospitarmi.

Quindi interrompo la vacanza brasiliana con i ragazzi, mi butto in spalla uno zaino con un paio di cambi e me ne vado a Recife, che dista due ore di aereo. Un sacrificio solo in parte, dato che è una tra le più antiche e belle città del paese: la Venezia brasiliana, la chiamano. Poteva andare molto peggio. E non solo, mentre il taxi mi conduce a casa di Claudio vedo che è ancora meglio di quanto pensassi. Non so ancora se sia un guaritore o un ciarlatano, ma ha un senso drammatico molto sviluppato. La sua casa sorge in cima a un promontorio, a cui si accede per una stradina stretta e ripida, come per andare al rifugio della strega nei cartoni animati, che mette a dura prova il motore spompato del taxi. A ogni tornante mi chiedo se mi toccherà scendere a spingere, oppure precipitare nella scarpata, ma ho fatto torto al tassista. Quando mi recapita sano e salvo davanti a casa di Claudio, mi scuso di aver pensato male. Alza le spalle.

"Ho già portato altra gente qua."

"Ah. E com'è andata? No, cioè, dico... Sono andati via contenti?"

Lui mi guarda con occhi vecchi quanto le scogliere, nella faccia raggrinzita, e sembra stia per dire qualcosa, poi alza di nuovo le spalle.

"Va' com Deus," dice solo e riparte sollevando un polverone di terra secca.

Mentre si posa il piccolo turbine di sabbia e gas, mi guardo intorno. Sopra di me, il cielo. Azzurro, scintillante. Sotto di me, ai piedi di un faraglione a picco, il mare. Azzurro, scintillante. C'è il silenzio delle grandi occasioni.

L'unica nota stridente è la casa, modesta a dir poco, non una capanna, certo, ma un edificio approssimativo, i soliti quattro muri di mattoni che si tengono su a vicenda. Mentre la guardo ne esce, le braccia tese in un gesto espansivo di benvenuto, un tizio che avrà circa la mia età, circa la mia statura, circa i miei capelli, lunghi, ma i suoi sono raccolti in una coda di cavallo. Ed è tutto vestito di bianco. Anche se mi si sta avvicinando come se volesse abbracciarmi, gli tendo la mano. Non esageriamo. Si ferma incerto poi me la stringe, a lungo.

"Benvenuto, Franco. Hai fatto buon viaggio?"

"Buono, grazie. E grazie di aver accettato di vedermi. Sai, io..."

"Non ringraziare, figurati," mi interrompe in fretta. "Entra, ti faccio vedere la tua stanza. Magari vuoi farti una doccia, cambiarti... Metterti a tuo agio."

Lo seguo all'interno della casa che, perlomeno, è ordinata e pulita, le finestre aperte lasciano entrare l'aria di mare.

"Hai scelto una posizione proprio bella, per la tua casa," osservo.

"E vedrai di notte," ribatte.

È una mia impressione o ha uno sguardo un po' insinuante? È una mia impressione, certo.

A dir la verità, mi sono già stancato dei convenevoli e vorrei saltare anche la doccia e parlargli subito di Andrea, chiedergli se davvero può fare qualcosa, e cosa, e in quanto tempo. Ma mi sembra di sentire la voce di Bianca nella mia testa, che mi dice di stare calmo, di essere cortese, di lasciare tempo al tempo. E in effetti ci arrivo anche da solo che non posso aggredire subito con i miei problemi questo tizio che ho conosciuto sette minuti fa. Ma quando scendo neanche un'ora dopo, e lo trovo lì di fianco a una tavola imbandita, attacco subito.

"Come ti ho scritto, vedi, io ho un figlio. Fino a due anni e mezzo tutto normale: il bambino più sano e amichevole del mondo. Poi..."

"Ricordo tutto quel che mi hai scritto, sì." Con un mezzo sorriso, mi fa cenno di sedermi. Ha mani sorprendentemente curate. "Adesso però sei stanco del viaggio e non è il momento di parlare. Prima assaggia qualcosa."

Guardo l'assortimento alquanto colorato disposto sul tavolo e mi colpisce subito una stranezza: sono porzioni relativamente piccole, per l'ospitalità di questo paese, ma di una varietà impressionante. Ci saranno almeno trenta tipi di frutta, verdura, carne, pesce, e poi un paio di ciotole di zuppa, del formaggio, del miele.

"Prendi un po' di questo." Mi porge una fetta di melone, avvicinandomela alla bocca. Le sue dita mi sfiorano la mano.

"Un melone molto dolce," annuisco, un po' in imbarazzo. Non sono molto bravo a fare complimenti ai cibi, e vorrei parlare d'altro anche se non avessi un argomento così impellente come il problema di Andrea.

"E ora, prendi uno di questi." Appena finisco di masticare, mi mette in mano quella che sembra una tartina con un'acciuga. Esito, interdetto. A parte che non mi piace essere imboccato così, come un neonato: ma l'acciuga dopo il melone?

"Sì, l'acciuga dopo il melone." No, non mi ha letto nel pensiero. Non credo serva essere uno stregone per decifrare la mia espressione schifata. "Senti i due sapori, fino in fondo. Senti come sono diversi, come colpiscono in modo diverso i tuoi sensi. E ora prendi un po' di questo." *Questo* è latte. Dopo l'acciuga.

"Senti la differenza," mi esorta Claudio, quasi sussurrando.

Va avanti così per un'ora e mezza che mi sembrano sette. Il cielo intanto si colora di indaco, spuntano le stelle, all'odore del mare si mischia quello inebriante dei fiori.

"Sperimenta quanto sono profonde le differenze, tra un gusto e l'altro, tra una consistenza e l'altra. La diversità, non l'uguaglianza, è la regola della vita," dice la voce quasi ipnotica di Claudio mentre le sue mani da violinista mi porgono un boccone dopo l'altro. Sapori lontanissimi tra loro.

Ho anche bevuto parecchio, perché tra un morso di avocado e una maracuja, tra un gamberone e un formaggio stagionato, ci sono stati anche un vino rosso molto corposo, un liquore al caffè, una potentissima grappa probabilmente fatta distillando un cactus e non so più che altro. Non capisco se sono sazio o ho la nausea. Il mio anfitrione si scusa "per qualche minuto" e mi lascia solo a tu per tu con questa notte misteriosa.

Mi avvicino alla scogliera. Non è a picco come avevo pensato: un sentierino tra le rocce porta già fino a una piccola spiaggia ben riparata, dove ondeggia una barca. Mi sporgo un po', vengo colto da una lieve vertigine, ma potrebbe essere l'alcol. Capisco ora cosa voleva dire Claudio con "E vedrai di notte". Recife si trova sulla punta più a ovest del paese, e noi siamo all'estremità di Recife, a circa trenta chilometri a sud dalla città vera e propria. Qui, sul Capo di Sant'Agostino, protesi verso un altro continente, sembra di stare immersi nel mare. Se mi volto da una parte ai miei piedi, laggiù, vedo la città come dalla tolda di una nave. Scintilla, con le sue case, i ponti e le insegne. Dall'altra parte, il mare è nero e taciturno e intuisco l'Africa che ingombra l'orizzonte, lontano oltre le onde.

È uno spettacolo mozzafiato. Quassù, inchiodato tra cielo e mare, allargo le braccia in un senso di libertà mai provato prima. Ma subito mi compare davanti la faccina chiusa e tormentata di Andrea, e quasi mi vergogno di questo momento di piacere a contatto con l'infinito. Lui la libertà non sa neanche cosa sia. Lui è prigioniero dentro se stesso. E io sono qui per lui, per cercare di aiutarlo, mica per mangiare melone e guardare le stelle.

Sento i passi del mio anfitrione dietro di me e mi volto risoluto, di scatto.

"Dobbiamo parlare di Andrea," dico.

In quattro giorni e tre notti, ne abbiamo parlato pochissimo. Me ne rendo perfettamente conto mentre percorro le strade di Rio, al ritorno da questa "digressione" nella mia vacanza.

Con Claudio abbiamo nuotato, fatto i tuffi, camminato, siamo andati al mercato in città. Abbiamo guardato il mare. Abbiamo passato almeno due ore ogni giorno in questo strano esercizio con i cibi, un sapore dopo l'altro, una consistenza dopo l'altra. Claudio sempre disponibile, sempre attento, sempre in ascolto. Ma in ascolto di qualcos'altro rispetto a quello che ero venuto a dirgli: dei miei sentimenti, più che delle mie parole. Sulle prime mi sono arrabbiato, per me e per Andrea, per il tempo che stavamo perdendo. Poi ho lasciato stare – non si può passare il giorno intero a cercare di affrontare un argomento che il tuo interlocutore chiaramente elude. A un certo punto ho ricordato un vecchio proverbio: "Dio ci ha dato due occhi, due orecchie e una bocca sola". Che siano da usare nella giusta proporzione? Così, alla fine, mi sono abbandonato ai suoi discorsi ellittici, ai suoi silenzi densi, alle sue strane sedute gustative.

E la terza notte, come ogni sera lasciato solo sul promontorio, ho provato un'autentica sensazione di pace. Per la prima volta da anni. In piedi sopra quel picco, ero tutt'uno con lo sciabordio del mare e con il pulsare remoto delle stelle. Sotto di me, il sentiero che portava alla spiaggia scompariva nella notte. Ho pensato: e se fosse tutto qui? Se dovesse finire qui?

Circondato da questa solitudine immensa, mi sembra di poter capire meglio quella di Andrea, chiuso nel suo mondo. Ci vorrei stare io in un mondo così? Vivrei in un paese in cui nessuno mi saluta, anzi quando passo si girano? In cui la gente ride, canta, balla, fa l'amore ma io non posso? In cui c'è festa e io sono a casa, e nessuno ha tempo per me? Sempre solo?

Forse sarebbe meglio cambiare mondo.

L'abisso è lì, ed è lì per tutti, una facile strada verticale. Se la soluzione fosse venire qui al limite estremo di un continente e buttarsi giù? Lo farei, se fosse questa la condizione per far stare bene Andrea? Se, dopo tutte quelle monete gettate nelle fontane esprimendo il mio unico desiderio, ora toccasse farsi moneta, raggiungere il mare là sotto in un ultimo patto con il destino?

Ma non è quella, la via; quella rapida strada verticale. Sarebbe troppo semplice. Adesso, percorrendo le strade trafficate di Rio nella luce del mattino, un po' mi vergogno dei pensieri e dell'esaltazione di quella notte intensa. E in parte ho l'impressione che le conversazioni ipnotiche di Claudio, a parlare di sensazioni, emozioni, diversità, non siano state solo una perdita di tempo, che mi abbiano portato da qualche parte. Dove, però?

Intanto, in questo taxi diretto dal dottor Fritz.

Non ne avevo mai sentito parlare, e sì che è uno dei personaggi più famosi del Brasile. O dei più folkloristici? L'originale dottor Fritz era un medico tedesco, il che, se contiamo tutti i nazisti che sono scappati in Sud America dopo la guerra, non è neanche un'idea irragionevole, storicamente. Meno plausibile è il fatto che questo strano chirurgo operi aprendo, asportando, tagliando e cucendo senza anestesia pazienti presi a caso in una folla di postulanti e fatti sedere su una semplice sedia, posta su un palchetto. Zac, zac, e in un amen sei guarito. Non morto dissanguato, o di infarto per il dolore, o di infezione. No: guarito.

Se non bastasse, il dottor Fritz ha un'altra particolarità. Non è una persona: è un ruolo, un po' come il Dalai Lama. Si reincarna ogni cinque anni in un nuovo corpo. Perché dopo cinque anni muore, di morte violenta: incidente, omicidio, non importa. E quello che diventa il dottor Fritz sa subito due cose. La prima: che deve andare a Rio o a San Paolo e mettersi a operare. La seconda: che gli restano cinque anni di vita.

È una storia assurda quanto suggestiva, e come minimo ho dei dubbi su questo medico miracoloso. Ma ora, nel taxi, sarei disposto a credere anche al dottor Fritz, se potesse aprire la testa ad Andrea e asportargli quel blocco che gli mangia la voglia di vivere e la gioia di comunicare. Quindi sto andando a trovarlo.

"Chiedi a qualunque tassista in tutto il Sud America," mi ha detto Claudio come unica istruzione. "E ti ci porterà."

Non gli avevo creduto e invece il tassista non ha fatto una piega: "Claro, meu filho, vamos là," e una svolta dopo l'altra mi molla nel pieno di una favela, ai piedi di un alto muro.

"Me espera aquí, por favor," gli dico. Se no dove lo ritrovo un altro tassista, in questo dedalo di vicoli?

Entro in un cortile enorme, sabbioso, deserto. Esploro un po' la zona prima di scorgere un essere umano a cui chiedere notizie. E ho un'amara delusione: non è qui. Trascorre tre giorni della settimana a Rio e gli altri tre a San Paolo, tornerà in questa città proprio dopodomani, il giorno in cui devo partire. Mi batto un pugno sulla coscia dalla delusione. Posso anche non essere propenso a crederci, ma ormai ero qui... Come premio di consolazione, l'uomo mi fa vedere la sedia su cui opera il grande mago-chirurgo. Una semplice sedia impagliata, come quelle delle cucine di campagna. Quando il dottor Fritz è qui il cortile si riempie, mi spiega includendo in un largo gesto esplicativo lo spazio intorno a noi. Uomini, donne, bambini. In piedi accanto alla sua sedia su un piccolo palco, il dottor Fritz chiama uno per uno i malati dalla folla. E poi via, comincia a lavorare di coltello. Taglia, asporta, sistema. E il paziente se ne va come nuovo.

Faccio davvero molta fatica a crederci. Ma il tizio che mi spiega la storia è uno che vive lì, non sa chi sono, perché dovrebbe mentirmi? Tutto è un po' irreale, attorno a me. Come se il velo tra realtà e possibilità, in quel punto preciso del mondo, fosse sottilissimo. Facile da attraversare. Quel cortile vuoto che sembra echeggiare delle speranze di tanta gente che ci è passata mi ha suggestionato, mi rendo conto tornando in taxi all'appartamento dove ritroverò i miei amici. Costeggiamo la Lagoa, un lago nel centro cittadino di oltre sette chilometri e mezzo di circonferenza, con spiagge e chioschi delle bibite tutt'intorno. Guardo l'acqua scintillante, le case, le piante. Sto con la fronte appoggiata al finestrino, per non far vedere al tassista i miei occhi lucidi. Prima quei tre giorni strani, fuori dalla realtà, dopo i quali mi sembrava che, come nelle favole, nel mondo reale dovessero essere passati sette anni. Poi la leggenda del dottor Fritz e la visita al suo antro e al suo palcoscenico. Troppe emozioni, troppa intensità.

"Sto sbagliando tutto? Sto correndo dietro ai fantasmi?"

Non potrei dire che la visita a Claudio mi abbia fatto partire speranzoso. È stato sempre gentilissimo ma non risolutivo. Qualcosa di pratico alla fine me lo ha detto, a modo suo: sullo spiritismo, sulla comunicazione con i morti. Io con queste cose non ho, e penso non avrò mai, dimestichezza, ma siamo rimasti d'accordo che se torno lì con Andrea potrebbe portarmi in certi posti e si vedrà cosa succede.

Non è quello che si dice un piano a prova di bomba. D'altro canto, che Claudio non sia un campione del pragmatismo si è capito. L'unica volta che l'ho visto determinato è stato mentre cambiavamo una gomma che si era bucata andando in città.

"Vedi, dobbiamo essere ben felici di poter cambiare questa gomma," mi spiegava mentre, inginocchiati nella sabbia, armeggiavamo con il cric. "Se non avessimo dovuto fermarci, magari dietro la curva ci aspettava un incidente con un camion. Forse questa gomma ci ha salvato la vita. *Doveva* bucarsi, per qualche ragione: e se non ci appare ovvia ora, prima o poi capiremo."

Un modo come un altro di vederla. Io proprio non ce la facevo a essere grato al destino per una gomma bucata. D'accordo, poteva andarci peggio. Ma anche meglio: potevamo arrivare in città sani, salvi e tranquilli con la ruota intatta. Comunque anche lui non doveva essere tanto impassibile, in fondo: quello è stato l'unico giorno in cui l'ho visto perdere la calma. Con dei piccoli mendicanti, di tutte le possibili cause. Si affollavano intorno all'auto e infilavano le braccia nei finestrini aperti per avere qualche soldo, e mi stavo già mettendo le mani in tasca quando Claudio, fermandomi con un gesto imperioso, aveva preso a sgridarli molto duramente: "Ma che cosa fate! Che modo è! Non chiedete la carità, fate qualcosa... Qualsiasi cosa! Dipingete un sasso, fate una barchetta con una foglia, vendetemi quella! Ma non chiedete soldi così, senza un senso, senza costruire niente, come degli idioti!".

Lì per lì mi è sembrato inutilmente aggressivo, ma se ci penso... Fare qualcosa. Provarci. La mia parola d'ordine.

Solo che ultimamente tutti i miei tentativi di fare qualcosa per Andrea vanno a sbattere contro un muro. Quello dell'impotenza, dell'ennesimo consulto andato a vuoto, medicina senza senso, terapia sbagliata. Su questo taxi che costeggia il lago, mi sento allagare l'anima da tutta la stanchezza del mondo. Guardo le persone che fanno jogging attorno alla Lagoa. Ho gli occhi socchiusi, la mente troppo piena. Sento una lacrima che scorre fino alle labbra. Poi un'altra.

Mi ci vogliono un po' di secondi per rendermi conto che sto davvero piangendo e contemporaneamente mi accorgo di un'altra cosa: sta piangendo anche il tassista. Ma guarda te! Deve aver capito qualcosa della mia situazione, dal fatto che sono andato a cercare il dottor Fritz, da qualche mia parola. Ha capito e si è commosso, benedetto lui. Mi sale il magone ma mi viene anche da sorridere fra le lacrime, mentre lui si asciuga rudemente gli occhi con il dorso della mano. È una scena assurda, stranamente consolatoria. Mi sembra di essere in compagnia dell'unica persona in tutto il mondo che mi capisce, che la sta vivendo con me. Io e lui contro il mondo a cercare di fare qualcosa per Andrea.

Poi vedo che segnala e accosta. Ferma il tassametro. Scende. Viene ad aprire la mia portiera.

"Vieni," mi dice. "Andiamo a berci qualcosa."

E così, in un mattino brillante dall'altra parte del mondo, davanti a due spremute d'arancia, mi ritrovo a parlare di autismo a un tassista. Che per un'ora mi ascolta, mi batte pacche sulla spalla, mi ripete: "Abbi fede. Abbi fede in Dio".

Questo non so se posso farlo. Ma, perlomeno, il sole del mattino asciuga le lacrime.

Andrea (2010)

Ciao Andrea, scriviamo?
Si dai

Mi dicono che sei il mio angelo...
Angelo protettore di papà
Io rendo papà sicuro di esistere.

Io non ci capisco niente di queste cose, e poi non ci credo agli angeli...
Fede si costruisce ogni giorno andrea E vicino apposta

Io intanto seguo quello che conosco, aspetto di ricevere i tuoi segnali.
Ricevi e non vedi.

Mi dispiace, saranno questi miei limiti, non vedo proprio, potresti aiutarmi se fosse vero...
Un giorno vicino con papà spiego risposta con cuore

Aspetto con molta curiosità. Ma dimmi un po', come si sta nei panni di un angelo, diverso da tutti noi, stai bene?

Grande fatica sopportare tanti umani con bisogni di love

Ma tu stai bene o no...?
Resto bene
Resto male

Resto bene quando...?
Ho vicino accettazione di vita uomini poco felici sono io aiuto a capire i limiti di infelici ciechi

E resti male quando...
Nervosismi inutili

12.
Voglia di libertà

Io gioco con me non mi piaccio voglio cambiare mio non cervello. Io sono bambola che lotta con futuro vuoto vita difficile poco giusto mio destino

Andrea, 2007

È un periodo molto intenso, pieno di emozioni contrastanti. E ha l'aria di voler durare a lungo. Mi sento come su un pontile, stretto, fragile, che sembra non finire mai. Da un lato un mare fatto di un grande amore, dall'altro il mare della famiglia, di Andrea e da poco di Alberto, il mio secondo figlio.

Su questo pontile che divide due mari meravigliosi ciascuno con i suoi colori, le sue tempeste, i suoi orizzonti e le sue onde cammino da mesi, e camminerò per anni. Li amo entrambi, continuerò ad amarli entrambi.

Cammino cercando di non naufragare, di non far naufragare nessuno.

Giorni di fuoco. Ho lasciato Bianca con Andrea e Alberto a casa, e sono andato ad abitare a poca distanza, sempre disponibile, sempre presente.

In equilibrio sul pontile, tocco il cielo con sette dita, vivo momenti intensi e sto bene. Mi perdo.

Ma non va bene.

Proprio in questo periodo Andrea scrive frasi che mi arrivano come pugni nello stomaco: "Andrea chiede aiuto testa confusa male sto", "Papà guarisci mia condizione di autismo", "Sono stanco di stare così".

Ogni volta che cerco di immaginare un futuro diverso sento la sofferenza più di quanto sarebbe giusto e logico. Troppo di più. Il male di Andrea è un prezzo troppo alto per la mia felicità.

C'è un problema davvero grave che durerà tutta la vita. E quando penso a me stesso sento dentro draghi che mi sputano fuoco nel petto, mi sento esplodere i polmoni. Una sera dopo l'altra. In una di queste, dopo aver riportato Andrea a casa, accanto alla macchina accendo una sigaretta. Rovescio la testa indietro a guardare le stelle. Sono tantissime, in questa notte di tarda primavera, con un cielo come nella canzone:

Niente paura, niente paura
niente paura, ci pensa la vita, mi han detto così.
Niente paura, niente paura
niente paura, si vede la luna persino da qui...

In questi anni l'intera casa di Bianca e dei ragazzi è diventata anch'essa autistica, è tutto in posti illogici, un ordine da marziani. Una non-stop di ammattimento, ventiquattr'ore su ventiquattro, per me e anche per Bianca che fra l'altro adesso, con un neonato, fa il doppio della fatica. Alberto. Un nuovo nome e una nuova grande avventura: è arrivato il mio secondo figlio. Non posso descrivere la gioia, e il terrore. La gioia perché dopo tanto tentennare, dopo tanta paura di fare un altro bambino e affrontare forse altri traumi, altre sofferenze, quando Bianca mi ha dato in braccio questo fagottino che era Alberto ho saputo, senza l'ombra di un dubbio, che quella di volerlo a tutti i costi era stata la decisione più giusta e più bella della nostra vita. E poi però c'è l'angoscia, perché fino ai suoi tre anni siamo condannati a vivere con il fiato sospeso, coperti dall'ombra cupa dell'autismo. Se capitasse di nuovo?

Per quanto riguarda Andrea siamo da capo come se fossimo passati per l'ennesima volta dal "via". Ma in qualche modo quei giorni strani con Claudio a Recife hanno come cambiato la mia percezione delle cose, della loro necessità. Forse anche quello che non sembra avere un senso ce l'ha. Non mi rassegnerò mai all'idea che a un innocente sia capitata questa micidiale fregatura dell'autismo: per quello non c'è ragione e non c'è giustificazione, né per Dio né per gli uomini, mi spiace. Ma io? Se io da questa disgrazia dovessi imparare qualcosa?

Ripenso a mio padre, che si toglie gli occhiali, li pulisce con cura. Siamo nel salotto della casa di Riese, pochi mesi dopo la bufera. Mi dice: "Vedi, Franco, ti sono andate tutte bene, è stato tutto ok fino a ora. Questa, forse, è la tua prova".

Forse. Mettere in discussione tutta la mia vita, rinunciare ai miei desideri, farmi da parte. Lasciare spazio ad Andrea, perché in qualche modo tutto quello che verrà per me, ora, sarà gratis. Per lui è necessario come respirare. Aspiro una boccata di fumo e visualizzo il pontile, tra i due mari. Alla fine del cammino mi attende una scelta. Posso affrontarla.

Tira sempre un vento, che non cambia niente
mentre cambia tutto, sembra aria di tempesta.
Senti un po' di vento, forse cambia niente,
certo cambia tutto, sembra aria bella fresca...

"Andrea sa leggere."

Sento come uno spasmo nel muscolo del braccio. Il bisogno fisico, impellente, di caricare il pugno e colpire la povera Lisa, l'operatrice che coordina il centro estivo dove Andrea trascorre qualche giornata. In piedi davanti a me, ha lo scellerato coraggio di venirmi a raccontare una fregnaccia del genere. Ovviamente non alzo le mani davvero, ma mi vien voglia di investirla con un fiume di parole, le peggiori che ci sono. Cosa accidenti mi viene a raccontare? Andrea sta lì, non reagisce. Come accidenti fa a saper leggere se non sa neanche dirmi ciao?

Certa gente non ha rispetto. E dire che, del continuo andirivieni di assistenti, maestre di sostegno e assistenti delle maestre di sostegno che attraversano la nostra vita, questa Lisa è una delle più preparate. Non mi è mai capitato di conoscerne una miracolosa, che arriva sapendo già cos'è l'autismo, capisce il ragazzo e ha un'idea di come comportarsi. Ma almeno Lisa è una di quelle che studiano e apprendono, e ha voglia di darsi da fare. Mentre alcuni insegnanti di sostegno, purtroppo, sembra che abbiano scelto questo lavoro per passare nelle graduatorie, la via più corta per trovare un posto fisso, per quanto non si tratti certo di un mestiere ben pagato. La competenza e l'entusiasmo sono proprio l'eccezione: certo, quelli buoni quando li incontri ti cambiano la vita, ma non li incontri spesso. E rimangono con noi e con Andrea sempre troppo poco.

E invece adesso questa Lisa si mette a prendermi in giro, mi pare troppo. Ma respiro profondamente e dalla mia voce traspare solo un po' di controllata tensione, mentre rispondo: "Andrea non sa leggere, Lisa. È autistico".

"Ma va a scuola, impara."

"Senti, Lisa, capisco che sei con noi da poco, ma ti assicuro che a scuola Andrea non è seguitissimo, per così dire. Cosa cazzo vuoi che impari. Nessuno gli insegna."

Lei scuote la testa, caparbia.

"Franco, capisce i cartelli."
"I cartelli?"
"Quelli del Teacch."
Il Teacch è un metodo di apprendimento e comunicazione per i bambini autistici. Come sempre, lo ha trovato Bianca già ai tempi del breve soggiorno a Siena, mentre io ero ancora al nastro di partenza. E così, anche con l'insegnante di sostegno, avevamo cominciato il Teacch dall'asilo, da quando Andrea aveva cinque anni, con ottimi risultati.

Teacch sta per Treatment and Education of Autistic and Related Communication Handicapped Children, solo a dirlo quando hai finito è passata una settimana. C'è dietro tutta una filosofia e, appunto, un metodo, ma soprattutto ci sono questi cartelli colorati con delle immagini o delle parole, che servono ai bambini per comunicare. Vogliono dire che hanno fame? Tirano su il cartello con la forchetta. Che vogliono andare a fare un giro? Su il cartello con la bicicletta. E man mano invece delle immagini le scritte, a formare comunicazioni più complesse, in teoria. Si suppone che grazie a questo metodo i bambini possano almeno imparare a comunicare in modo più strutturato e così, il che è importantissimo, a sentirsi più a loro agio e integrati in questo mondo così estraneo che li ospita.

Il Teacch prevede anche un calendario con inserite, tramite cartelli con le foto, tutte le attività che si faranno nella settimana. Queste informazioni danno ai ragazzi molta tranquillità. Dire loro: "Andiamo al mare" significa "andiamo", e non si torna più. Vedere dopo il mare il cartello "casa" dà loro il senso del ritorno.

È sempre un processo di una lentezza esasperante. Mi sembra che l'unico risultato ottenuto finora sia quello che c'è un cartello Teacch per ogni centimetro quadrato di casa: per terra sullo stuoino quando entro, sotto il sedere se mi butto sul divano, in frigorifero se vado a prendere un bicchier d'acqua. Sono assediato da un ridotto ma agguerrito esercito di cartelli colorati.

Anche perché la casa è più piccola: un appartamento al secondo piano nello stesso complesso dell'albergo di famiglia. Abbiamo venduto il casale di Riese: troppa sofferenza, troppo tormentosa la vicinanza di quel fiume in cui io giocavo da bambino e Andrea probabilmente non giocherà mai. E ora io di fatto abito in un altro paese, immerso in un'altra vita, anche se mi sforzo di essere sempre presente, sempre al massimo.

Mi sembra che in questi mesi stia cambiando tutto. Anche al lavoro: io e i soci ci siamo separati. È stato traumatico, dopo dieci anni che dividevamo anche il singolo bicchier d'acqua. Quando ho distribuito il mio regalo d'addio, l'album di foto intitolato *I migliori dieci anni della mia vita (fino a ora)*, la nostalgia ha invaso un po' tutti. Ma è stato meglio così: dopo tanti anni le cose cambiano, qualcosa si è rotto tra noi. Come siamo abituati, ci siamo guardati negli occhi, abbiamo parlato chiaro e abbiamo preso decisioni. Alla fine il più simile a me, emotivamente, era Gigi; con gli altri c'era più feeling lavorativo e molta sintonia ma come sempre è stato il cuore a decidere. Piero e Massimo si sono presi un ramo dell'azienda, io e Gigi un altro.

Ora, certo, il lavoro è tanto. Sono sempre in giro su e giù per l'Italia a riorganizzare il business, parlare con gli agenti, controllare i processi. Per poi tornare a casa di Andrea, che è sempre iperattivo, sempre chiuso nel suo mondo, sempre incomprensibile. E da Alberto, che è un neonato. E da tutte le emozioni che mi scuotono. Sono carico, perché il lavoro va bene, anche se richiede notevoli sforzi, vuole attenzione.

In più ho capito almeno una cosa sull'autismo: che è il mio cioccolatino amaro, mio e soprattutto di Andrea, e che dobbiamo gestircelo. Avete presente Forrest Gump? Quando la madre gli dice che la vita è come una scatola di cioccolatini, non sai mai quello che ti capita? Ti è capitato quello amaro, è inutile che piangi perché l'altro ce l'ha più dolce e sta meglio: parti da lì e vai. È arrivato l'autismo, poteva trattarsi di qualche altra disgrazia. Da un certo punto di vista, non è cambiato niente. Prima ero un padre determinato a fare il meglio per suo figlio. Adesso anche. Per il suo bene deve essere sempre messo alla prova, e sotto controllo. Andare a scuola il più possibile, stare nel mondo, vedere la gente. Poi, certo, ci sono quelli che ti guardano, i posti dove non puoi andare, organizzargli il pranzo, la cena, tutto, non puoi mollarlo un attimo... Io sono deciso ad andare avanti senza paure e senza risparmiarmi. Anche se quasi ogni giorno arriva puntuale il momento dello sconforto, della voglia di mollare: sono stanco di non avere mai un attimo di tregua.

Per cui questa operatrice di ventisei anni, alta, magra e gentile, che adesso mi viene a dire che mio figlio sa leggere mi provoca un moto di violenza.

Eppure ha ragione lei, e pian piano riesce a dimostrarmelo. Andrea non parla, ma sa leggere. Lisa si è accorta che reagisce non solo alle immagini, ma anche alle parole scritte sui cartelli, come uno che capisce cosa vogliono dire.

Miracolo?

Eh già, ma non parla. Comincio a capire meglio cos'è l'autismo: una ricetrasmittente che riceve tutto ma trasmette solo rumore bianco. Entra tutto: dettagli, concetti, ogni minimo messaggio. Esce poco o niente. E in questo stesso periodo scopriamo, con l'aiuto di Lisa, la scrittura facilitata.

La scrittura facilitata non è prevista dai protocolli ministeriali. E mentirei se dicessi che all'inizio la considero una buona idea. Funziona così: il facilitatore, ovvero la persona addestrata a praticare questa tecnica, prende la mano del ragazzo e la guida sulla tastiera del computer per permettergli di rispondere alle domande che gli vengono poste, inizialmente cose semplici come: "Di che colore è la maglietta?" e lui deve rispondere, una lettera alla volta, finché arriva a comporre la parola "gialla" o "blu". E con il tempo può arrivare a scrivere pensieri più complessi.

Ora, ditemi voi. Mi sembrano le sedute spiritiche che si facevano per gioco da ragazzi, con le mani di tutti che muovevano il bussolotto sulla tavola *ouija*. È chiaro che se qualcuno ti tiene la mano, non ci vuol niente a guidartela sulla lettera giusta, o a scrivere la frase che vuole lui. No?

Ma Bianca tiene duro.

"Adesso è la mano, ma andando avanti basterà tenergli il braccio, poi la spalla... Vedrai, allora."

"Bianca, non ne abbiamo già fatti abbastanza di tentativi inutili?"

"Questo non è inutile." E cocciuta si mette lì, con Lisa e con Andrea, due volte la settimana. A lui non piace, si vede che fatica, si avvicina al computer di malavoglia e le prime "comunicazioni" sono davvero minime. Ma se un giorno riuscisse a scrivere? Se davvero diventasse possibile comunicare con questo mondo a parte che è la sua mente? Sono pieno di speranza che funzioni, e di paura di subire l'ennesima delusione. E di molti altri sentimenti che si scontrano fra loro nella mia testa. Vedere Andrea concentrato sulla scrittura, una vittoria che sarebbe potuta essere così facile e che è una delle tante cose che la vita gli ha trasformato in un inferno, mi riempie di commozione e di rabbia.

Oggi mi prendo il pomeriggio libero, e andiamo a tirare i sassi nel fiume. Andiamo a sfogarci un po', Andre.

Andrea (2011)

Lisa ha poi scelto altre vie, non ha più potuto seguire Andrea e la sua "scrittura" sarebbe forse morta lì, se non fosse stato per Chiara.

Chiara è psicologa, con una passione per questi ragazzi e una comprensione vera dei loro problemi. Con lei Andrea continua a scrivere e dal tenergli il braccio pian piano si arriva alla spalla, poi alla completa autonomia.

Io non ci credevo alla scrittura facilitata, sono in tantissimi a non crederci. E anche adesso so che non funziona per tutti, capisco chi ha dubbi. Ma resta il fatto che ora, anni dopo quell'inizio con Lisa, Andrea scrive, fa i compiti del programma scolastico. Soprattutto, possiamo sentire i suoi pensieri.

Non è un caso se tutti quelli che vedono Andrea scrivere si emozionano. Anch'io. Ogni singola volta.

Quando al liceo hanno assegnato alla classe di Andrea il tema "Cosa significa secondo te avere successo nella vita" io ho subito pensato agli aspetti materiali: successi nello sport, ricchezza, potere. E ho immaginato fosse frustrante per lui parlare di questo argomento: lui che passa intere giornate solo, perché non riesce a coordinare le azioni, non riesce neanche a esprimere cosa desidera fare o dove vuole andare.

Ecco cosa ha scritto, facendomi sentire meschino per i miei pensieri:

Il successo nella vita lo troviamo in ogniuno di noi. Le persone di successo sanno realizzare i loro sogni e stanno bene con se stessi e con gli altri.

Noi siamo unici e in questo troviamo un cammino diverso che ci costruiamo per raggiungere il nostro personale successo.

Il nostro compito più difficile è capire cosa vogliamo per noi e non arrenderci agli ostacoli della vita. Fare il nostro sogno è fatica e lavoro che nel tempo ci porta soddisfazione.

Oggi il mio grande obiettivo è farmi conoscere chi sono, io ragazzo autistico.

D'altra parte quando, qualche anno prima, il tema titolava "Scrivo una lettera a..." lui aveva completato "... numero 1 mio papà". Ah, voglio proprio sentire! Proseguiva così:

Piccolo uomo mi commuovo con te che in questi anni sei cambiato e voli con fragile figlio autistico, non sicuro di tenere rotta giusta ma certo di voler viaggiare con lui.

Giro con te pieno di gioia e di orgoglio io uomo mi sento ma coraggio mi vuole per piacere a te dritto e ligio viso di chi conosce il mondo.

Cosa devi pensare quando leggi queste riflessioni? Che è un grande. Orgoglio a mille, fiero di essere padre di tale figlio. Uno che alla domanda "Sei felice che papà sia tornato?" risponde nientemeno che:

Ruolo biologico unico tu hai.

Biologico?
Sei unico.

Eh sì, c'è di che essere orgogliosi.

Ma Andrea, porca paletta, ancora a rovescio lo hai messo 'sto maglione?

13.
Fondazione

Non sono i giovani diversi con me ma chi li educa alla diversità come paura e come limite UMano

Andrea, 2013

"Però andiamo via presto, eh Andre?"

È pazzesco che quando veniamo a vedere questi centri diurni per ragazzi con autismo abbia più ansia io di lui. Che anzi, ci viene volentieri. Non che la Casa Gialla sia un brutto posto. Intendiamoci. L'ha fondata un altro Franco, un insegnante di sostegno che si è affezionato a un ragazzino autistico di nome Bogdan, a cui anch'io voglio un sacco di bene. Quando Franco ha ricevuto in eredità dal suocero questa piccola villetta anni sessanta, persa nella campagna fra Treviso e Vicenza, ha deciso di farne un centro per bambini e ragazzi con disabilità. Autistici, soprattutto, ma c'è anche qualcuno con la sindrome di Down.

È la primavera del 2004 e ho diviso la mia vita in due parti. Anche prima c'erano due parti: casa e lavoro. Non equivalenti, fra l'altro, bensì sbilanciate verso il lavoro. Ma ormai sono anni che Andrea è così e non posso fingere che sia tutto regolare. I momenti più tristi sono quando si mette alla finestra, il venerdì o il sabato sera, e guarda i suoi coetanei passare, chi in compagnia, chi abbracciato, qualche coppia che si bacia sulle panchine. E lui guarda fuori.

Devo inventarmi qualcosa. Devo impegnarmi di più se voglio che qualcosa cambi, che possa avere l'opportunità di una vita migliore. Cosa è più importante, in fondo, il lavoro o Andrea? Andrea. Allora non posso dedicare l'ottanta per cento del mio tempo al lavoro e il venti ad Andrea.

Così ho deciso che quello che prima facevo in dieci ore di lavoro ora deve stare dentro a cinque: comincerò alle otto invece che alle nove, e all'una tutto *deve* essere ok. Ho imparato a essere molto più veloce, a perdere meno tempo, a dare scadenze più rigide anche agli altri. E ho scoperto che se ti organizzi e decidi di farlo, puoi davvero avere gli stessi risultati in metà tempo. Così ora il pomeriggio lo dedico ad Andrea: facciamo le passeggiate, lo porto alle visite, andiamo in giro... La sua mamma segue, per fortuna, tutte le cose mediche, la scuola, la burocrazia che a me disarma. Ecco perché io riesco a vivere con lui sport, musica, viaggi, tutte le cose da "quasi amici".

E qualche volta andiamo in posti come questo. Così ho cominciato a conoscere i centri e le associazioni per ragazzi autistici. E ho capito una cosa di me stesso: sono un pessimo volontario.

Non è stata una sorpresa: con i ragazzini sono una frana. Sono insofferente, mi dà fastidio qualsiasi cosa. È un po' diverso con i miei, chiaro, ma insomma non ho la pazienza necessaria. E quando ho cominciato a frequentare le altre famiglie di bambini autistici, i centri in cui li tengono e li coinvolgono in attività, molti educatori mi proponevano di venire a stare con i ragazzi, fare delle cose insieme.

Niente da fare. Sono uno a cui piace fare le cose ma non riuscirei a passare tutto il giorno qui, con venti bambini autistici e tre volontari. Sono quasi dieci anni che convivo con l'autismo, conosco ormai altri ragazzi come Andrea. A volte anch'io porto Bogdan al mare o a fare un giro in moto. Forse perché è il primo ragazzo autistico a parte Andrea che ho conosciuto. Forse perché ci intendiamo e basta, come tutti. Forse perché mi piace il modo in cui gli si illuminano gli occhi quando mi vede arrivare, almeno una volta al mese, per portarlo via sulle ali della nostra avventura del giorno. Forse perché è quello che abita più vicino a me. O forse perché anche con lui ho toccato con mano che il vero problema di questi ragazzi è la solitudine: trovare amici, non medicine. Insomma, chissà perché ho scelto Bogdan. Però, nelle attività strutturate non servo a niente. Essendo molto pratico e diretto, con loro che nella testa fanno sempre il giro largo non sono utile.

Certo, eppure... eppure voglio fare qualcosa, penso mentre svolto nel vialetto, all'altezza dell'ennesima edicola con l'immagine della Madonna e davanti dei fiori finti. Se ci fosse meno gente che porta fiori alle Madonne e più gente che dà una mano al prossimo, penso con irritazione.

Non sono di buonumore. Lo so che quando arrivo alla Casa Gialla mi arrabbio. Anche se è un bel posto, organizzato e pulito, circondato da campi che Franco fa coltivare ai ragazzi per abituarli a usare le mani e far passare il tempo senza che stiano rinchiusi in una stanza. Vendono anche gli ortaggi che coltivano. Ci sono i laboratori nel seminterrato. Ci sono i cani e le galline nel cortile. Insomma, una bella struttura.

Però poi un volontario non arriva e la situazione precipita. Mica solo qui. Ovunque. Basta che uno non possa, perché ha un imprevisto, qualcosa da fare, *perché questo è volontariato, non il suo lavoro,* ed ecco che il meccanismo si inceppa. Basta che si rimanga senza benzina per il pulmino perché il Comune quest'anno non ha pagato la sovvenzione. Basta niente. E ti ritrovi con un assistente solo, venti schegge di ragazzi uno più fuori dell'altro, non integrati tra loro perché non comunicano. Non c'è nessuna soluzione se non quella di chiuderne qualcuno in una stanza. Che è esattamente dove starebbero se stessero a casa, perché un genitore che deve andare a lavorare cosa fa? Li chiude dentro e spera in Dio, che non distruggano la casa o se stessi. Quando torni trovi quel che trovi. Conosco un ragazzo che si morsica il braccio di continuo e la sera è distrutto. Quando si fanno del male o sono autolesionisti, diventa completamente impossibile gestirli, devi tenerli d'occhio di continuo, e di conseguenza i genitori – in genere le madri – perdono il lavoro. La situazione finanziaria della famiglia diventa tragica. E anche nelle associazioni, i soldi scarseggiano. I famigerati volontari, per eroici che siano, non sono una certezza o non abbastanza. Tutto affidato al caso.

Io lo odio, il caso.

Franco mi viene incontro mentre parcheggio l'auto.

"Ciao Andrea!" Mi piace questa cosa che saluta prima lui. Arriva correndo anche uno dei cani della Casa Gialla, un golden retriever dagli occhi intelligenti che scodinzola allegro. Andrea lo schiva come al solito.

"Come va?" chiedo a Franco. Lui allarga le braccia.

"Eh, cosa vuoi, oggi..." comincia a raccontarmi l'intoppo della giornata dovuto alla mancanza di soldi, di organizzazione, di mezzi.

Lo interrompe l'arrivo di un'altra mamma, con un ragazzo grande e grosso che avrà quindici anni e non smette mai di battere i pugni ovunque, sulla testa, sul muro: chi lo ferma? Lei ha l'aria disperata, borse sotto gli occhi in cui si potrebbe far entrare la spesa di una settimana, una ricrescita di cinque centimetri alla radice dei capelli biondi. Grigia, la ricrescita. Grigio-tristezza, grigio-fatica.

"Buongiorno," dice. "Posso lasciare qui mio figlio un paio d'ore?" Nella voce le vibra, oltre alla fatica, una vergogna insopprimibile. Come se fosse una colpa aver bisogno di due ore, chiedere due misere ore per vivere, fare qualcosa da sola e senza l'assillo di tener d'occhio il figlio. "Devo andare al supermercato..." si giustifica subito.

"Faccia così," le dice Franco. "Lo lasci pure qua anche il pomeriggio, torni a riprenderlo alle sei."

È come veder spuntare l'alba. Il viso le si riempie di luce e vedo attraverso la fatica che avrà sì e no quarant'anni e che solo ieri era una ragazza, e adesso è disperata, si sente vecchia, si sente sola sotto questo carico enorme.

"Davvero?" sospira, come se Franco le avesse regalato un assegno in bianco. E in un certo senso è così: un assegno da sette ore. "Magari posso andare anche dal parrucchiere..."

Lo sapevo, che mi arrabbiavo. Salgo in macchina, sbatto la portiera con forza, accendo l'autoradio al massimo:

Ci sono delle cose che succedono
ci sono tante cose che non tornano
ci sono delle cose che non possono
eppure sono.

Mentre torno verso casa mi ribolle il cervello. Ma guarda te: la mattina mi alzo e vado in ufficio, e tutto è perfettamente organizzato. Arrivano le segretarie alle 8.30, ognuno sa cosa fare, gli stipendi vengono pagati a fine mese. Budget, risultati, fatture, scadenze. Un'azienda che genera fatturato, che dà lavoro, tutto perfetto.

Il pomeriggio vado nell'uno o nell'altro di questi centri: aiuto. Non ci sono soldi, i volontari non riescono a far tutto... Il volontario non ti dà la sicurezza che dà un manager. Le donazioni sporadiche, ed è per questo che non mi piacciono come formula, non sono mai sicure: oggi qualcuno ti dà mille euro, domani chissà. E poi cosa ci fai con mille euro se hai cento bambini da seguire tutto il giorno? E perché mille euro, quando domani qualcuno me ne darà dieci o magari cento per una manciata di pagine pubblicitarie? Carta! Carta con cui dopodomani qualche bambino farà un aeroplanino. Mentre un altro bambino sta chiuso in una stanza tutto il giorno, *ogni* giorno, a mordersi le braccia.

Insomma, da una parte, dove si lavora per il lucro, tutto perfetto. Dall'altra, dove si lavora per la vita – e dove c'è veramente bisogno –, è tutto lasciato al caso. No. Non possono esistere due mondi così. Non mi va bene, così.

Io è qui che posso fare qualcosa. Il mio lavoro, la mia esperienza lavorativa e organizzativa, la mia energia, è qui che voglio metterle.

Ma come?

"Ho trovato!"

Una volta qualcuno mi ha raccontato che Archimede ha elaborato la sua teoria dei fluidi mentre stava facendo il bagno, e se n'è uscito nudo per strada gridando: "Eureka!". Io non sono nudo ma poco ci manca: sono in costume da bagno, nel giardino della casa di Gallipoli che abbiamo preso in affitto per l'estate. È il 4 luglio 2005, ieri ho corso la mia prima maratona – Brennero-Innsbruck in 4 ore e 12 minuti – e poi sono sceso in Puglia da Bianca, Andrea e Alberto.

Anche se Bianca e io non siamo più insieme, mi sento di affermare che noi e i ragazzi siamo ancora, e saremo sempre, una famiglia: strana e faticosa come tutte le altre. Sarà costato sangue, ma sono vicino alle persone a cui appartengo e delle quali sono responsabile. Bianca e io ci occupiamo dei ragazzi insieme, oppure separatamente, a turno, senza tanta burocrazia o problemi. Magari il mercoledì ci mangiamo una pizza o, come in questo caso, facciamo qualche giorno di vacanza tutti e quattro.

E stamattina ho comprato il giornale che cambierà per sempre la mia vita.

L'articolo è apparentemente innocuo. Parla di tre personaggi, gente di successo, che hanno rivoluzionato la propria esistenza. Uno è di Venezia, uno di Treviso e uno di Milano. Tutti e tre hanno chiuso con la loro vita precedente di business, lavoro, aziende, per fare qualcosa di diverso, chi nel sociale, chi per i fatti suoi.

È come se una voce mi parlasse all'orecchio. Anzi, sono proprio convinto che sia andata così. Come un sussurro: "Guarda che si può fare, non è un sogno". E io, che non sono certo un gran lettore, questo articolo me lo sono bevuto in un momento, tutte e tre le storie. Uno dei protagonisti lo conosco pure, ha fatto dei video per la mia società tre o quattro anni fa.

Guardo il mare e insieme alla danza delle onde mi colpisce la folgorazione. Trasformare il mio lavoro. Usare gli stessi meccanismi imprenditoriali per un nuovo prodotto, "il sociale". Chiudo il "Corriere" e dico: "Ecco cosa farò. Questa è la mia strada".

Corro da Bianca sventolando il giornale: "Bianca! Creerò una fondazione".

Lei non si scompone. La mano che sta affettando i pomodori per il sugo si ferma solo un attimo, mentre alza gli occhi su di me piuttosto stupita.

"Una fondazione? E come si fa?"

"Non lo so. Ma lo scopro."

"Ah, ecco. Bene." E riprende ad affettare i pomodori. "E con la società come fai?"

"La chiudo."

“Non è proprio una buona idea.”
“La faccio gestire a qualcun altro.”
“Già meglio. A chi?”

E così, pomodoro dopo pomodoro e pensiero dopo pensiero, dalle nostre parole comincia a prendere forma la Fondazione che diventerà il mio lavoro, il mio impegno, qualche volta la mia ossessione.

Mentre faccio le carte legali, a settembre, sistemo le questioni economiche. Come posso mollare il mio lavoro senza danni? Prendo le mie quattro persone di riferimento, una dell'amministrazione e tre del commerciale. Lavorano con me da anni, mi conoscono bene, siamo superorganizzati. Faccio loro un discorso molto chiaro: “Ragazzi, io devo fare un'altra cosa. O chiudiamo, e andiamo tutti a casa, oppure voi prendete il mio posto. Vi spiego come si gestisce la società: ci mettiamo un po' di tempo, non so quanto, ma lavorate al mio fianco e fate tutto quello che faccio io”. Nel giro di due anni devono essere autonomi. Io devo dedicarmi alla Fondazione, a cui ho trovato anche un nome, I Bambini delle Fate. Pensavo al Piccolo Principe e mi è venuto in mente quello, poi scopro che si tratta anche di un'antica leggenda medievale. Tanto meglio.

Cosa fa la Fondazione? Esattamente quello che facevo prima. Il mio lavoro. Vendo spazi pubblicitari, solo che la pubblicità invece di dire: “Noi laviamo più bianco” dice: “Noi ci impegniamo per il sociale”.

Il messaggio che voglio comunicare è soprattutto uno, nato dalla frequentazione così frustrante dei centri per disabili: basta con la beneficenza. Basta con i mille euro buttati lì, oggi a te e domani a qualcun altro. Non si può fare il sociale a caso. Chiamiamola con il suo nome: questa è carità. Il concetto che abbiamo del sociale è fermo all'elemosina. In tempi in cui il mondo ha corso, qui siamo paralizzati. Così comincio a dire alle aziende: sposatevi con un progetto, fatelo in maniera continuativa, piccole cifre mensili costanti e poi pretendete da chi lo gestisce che vi dica, euro per euro, cosa sta facendo con questi soldi. Io mi impegno a trovare progetti per la disabilità infantile, seri e affidabili, che le aziende possano sponsorizzare, da una parte. E a mettere insieme il gruppo di aziende, siano otto o venticinque, necessario a finanziare con il loro contributo mensile ogni singolo progetto, dall'altra. Infine, decido di ottenere la trasparenza pubblicando sui giornali con cui da sempre lavoro, "Il Sole-24 Ore" e il "Corriere della Sera", ogni mese, una pagina informativa per ogni singolo progetto attivo, che illustra le iniziative rese possibili dagli investimenti. E sotto alla descrizione di quanto è stato fatto, i marchi delle aziende.

Vincono tutti: i progetti sociali ricevono finanziamenti costanti su cui possono contare per crescere, le aziende scaricano i soldi versati come investimento pubblicitario, e hanno in effetti un ritorno d'immagine dato dal marchio sul giornale. E tutto alla luce del sole, grazie alle pagine che mi ha messo a disposizione la generosità dei quotidiani. È semplice, ma come tutte le idee semplici può funzionare, e se funziona farà il botto.

Andrea (2010)

Parlaci di te.

Ragazzo autistico sono io con

povere risorse ma consapevole di essereforte adolescente

paure come tutti i miei compagni ho di diventare vero adulto con intelligente cuore

voglio vita piena di lunghi pensieri per altri indifesi amici

unico scopo servire con tanti pensieri per aiutare gente che bisogno doloroso ha

Tantissimo ho da dare. Dico sono tanto diverso con figura fuori uguale agli altri dentro giostra di colori ho. Niente di stonato universo con pianeti da

Scoprire ho nel mio diverso cervello di ragazzo che lotta per crescere migliore.

14.
Meglio disabili che disumani

Io mi impegno ogni giorno per essere diverso

Andrea, 2010

"Ma che diavolo fai? Non permetterti di toccare mia moglie!"

Mi giro, allarmato. Poi mi rilasso. Il tizio in piedi davanti ad Andrea ha una voce più grossa dei suoi pugni: è uno bassetto sui trentacinque anni. Fronteggia Andrea con le braccia tese lungo i fianchi, i pugni chiusi, il volto paonazzo. Mio figlio lo osserva con il suo sguardo da entomologo distratto, non molto impressionato dalle sue urla. D'altra parte, a dodici anni, è quasi più alto di lui.

Seduta accanto al tizio, una bella donna formosa, bruna, si tiene una mano appoggiata sul seno con aria tra l'imbarazzata e la stupita.

"Santo cielo," sospira Bianca alzandosi dal tavolo. "È andato di nuovo a toccare le tette a una."

"Perlomeno ha scelto bene," commento.

"Non fare lo scemo." Ma anche a Bianca viene da sorridere.

Non è la prima volta che affrontiamo questo genere di situazione, e dopo i primi tempi in cui l'imbarazzo e la vergogna erano pesanti abbiamo imparato a sdrammatizzare. Bisogna pur sopravvivere. "Vado a spiegarmi con il marito prima che lo meni," aggiunge Bianca e si fa strada fra i tavoli fino al luogo del delitto. Sembra proprio una farsa all'italiana. La Bella Moglie, il Marito Oltraggiato, il Giovane Amante. Solo che il Giovane Amante ha dodici anni e vedo più di un sorriso intorno a me. Siamo a una festa di compleanno al centro La Maggiolina, un luogo dove i ragazzi disabili sono da sempre ben accetti, grazie a Franco, quello della Casa Gialla, che possiede anche questo posto ed è una persona generosa. Qui intorno, anche chi non ha figli con lo stesso problema di Andrea conosce uno o più ragazzi come lui, e avverto provenire dagli altri tavoli, come a ondate, la solidarietà e un pizzico di divertimento a spese del Marito Oltraggiato.

"Cosa stai lì impalato, cosa guardi!?" sta tempestando l'uomo, visto che Andrea, e non so dargli torto, ha spostato la sua attenzione di nuovo sulla moglie e le sta facendo un sorriso incoraggiante come a dire: "Noi ci intendiamo, vero?". Il bello è che dalla faccia di lei sembra proprio che sia così. Magari sta valutando un cambio di partner. Andrea è alto, snello, con i capelli castani, lunghi e ricci come i miei e un visino adorabile, gli occhi grandi da cucciolo, le ciglia lunghissime. Quando sorride si sciolgono anche i ghiacciai.

La mano stretta a pugno del tizio fa un movimento brusco, ma intanto è arrivata la cavalleria in soccorso di Andrea.

"Scusi, sa, lo scusi," dice Bianca mettendo una mano sul braccio dell'uomo, con la sua espressione più dolce e contrita. Dentro di sé le viene da ridere per l'assurdità della situazione, ma è un'attrice provetta in questa scena recitata mille volte. Dà una lieve spinta ad Andrea, nella mia direzione: "Va' da papà, Andre, va'".

Con un ultimo sguardo alla sua bella del Sud, lui obbedisce. Lo faccio sedere al tavolo e gli getto un'occhiata severa, ma non lo sgrido, guardo Bianca.

"Ah, lei è la madre? Bella roba, bella educazione che ha dato a suo figlio, complimenti!"

"Cerchi di capire, ci sono dei problemi... Mio figlio è autistico."

A questo punto mi aspetto che sul volto del tizio si manifesti la sequenza di espressioni che conosco così bene: comprensione, imbarazzo, dispiacere. E che cominci a scusarsi. Quante volte abbiamo dovuto "salvare" Andrea dalle ire dell'uno o dell'altro sconosciuto offeso da qualche suo gesto inconsulto. Fra l'altro con questo ci va anche bene, in genere sembra che mio figlio se li scelga apposta enormi e palestrati: una volta sulla spiaggia di Jesolo ha spruzzato dell'acqua in faccia a uno che pareva Schwarzenegger. Due volte. Se non arrivavo di corsa, mi ritrovavo Andrea piantato per terra con un pugno come un tappo di sughero. Poi però, spiegata la faccenda dell'autismo, il gigante minaccioso è diventato il nostro migliore amico, nel volgere di un minuto. La gente perlopiù non è cattiva. È che non è abituata.

Questo invece è cattivo.

"E allora se lo tenga a casa, se è autistico! E che è, uno deve fare queste cose? Mia moglie non si tocca!"

Fisso incredulo lo sconosciuto e sento un brusio intorno a me. Questo è il caso su venti in cui incontri un vero idiota. Uno che non capisce e non accetta la disabilità, uno di quelli, e ce ne sono, che pensano che i "diversi" dovrebbero essere rinchiusi in strutture specializzate, come i matti nei vecchi manicomi, ed essere lasciati lì a marcire. Oppure stare in casa, affidati alle cure di genitori esausti. Ma non in giro nella società, a disturbare i "bravi cittadini". A impedire ai "bravi cittadini" di fare i conti con la realtà delle sofferenze del mondo, delle sue differenze, delle sue difficoltà. A impedire ai "bravi cittadini" di voltarsi dall'altra parte.

Mi accorgo che le mani chiuse a pugno, ora, sono le mie. Non perché voglia picchiare lui, questo individuo mediocre e patetico non mi interessa. No, il mio nemico è più grande: vorrei fare a botte con l'incomprensione e l'ignoranza del mondo, distruggere questo maledetto pregiudizio, questa cecità.

Voi abili a tenere sempre un piede qua e uno là
avrete un avvenire certo in questo mondo qua.
Però la dignità
dove l'avete persa?

Il brusio intorno a me mi riscuote e mi rincuora: sento quasi tangibile la solidarietà e il compatimento per il comportamento fuori luogo di questo tizio. Una scenata di gelosia in piena regola a un ragazzino di dodici anni disabile, e a sua madre che forse ha già abbastanza guai per i fatti suoi: come si fa a non pensarci?

"Le ho chiesto scusa," ripete ora Bianca, quieta ma con l'aria battagliera di chi tra poco cambia registro e gliene dice quattro. Mi alzo, è il caso che vada a portarla via e chiuda questa faccenda.

"Stai qui buono," intimo ad Andrea. Ma in quel momento il centro della scena viene raggiunto dal proprietario della Maggiolina, che si avvicina a Bianca lanciandole un'occhiata rassicurante e guarda in basso verso il Marito Oltraggiato.

"C'è qualche problema?" chiede, tranquillo.

"C'è qualche problema sì, se in questo posto si permette che le donne vengano offese da... da gente come quello là!" esclama l'altro cambiando personaggio e passando a Cliente Oltraggiato. “Se è per questo che si paga...”

“Guarda,” lo interrompe il nostro amico con un “tu” così chiaramente dispregiativo che è come se sputasse la parola. “Qui i ragazzi come lui sono ben accetti. Se non ti va bene, vai fuori tu.”

Ora è la moglie del tizio ad avere l’aria imbarazzata, mentre lui si è fatto ancora più rosso in faccia. Per un attimo, l’atmosfera è in bilico tra una conclusione relativamente pacifica e l’esplosione di un dramma peggiore. Poi, la tensione viene spezzata dal più bello dei suoni: una risata. Viene da un tavolo vicino. In un attimo l’ilarità si diffonde come un felice contagio e tutta l’area della grande sala in cui ci troviamo è in preda alla ridarella. Pure io. Bianca approfitta della tregua, si scusa un’ultima volta e si allontana portando con sé il proprietario della Maggiolina. Mentre il Marito Oltraggiato si risiede scornato e fumante, mi guardo intorno quasi commosso. Chi ha detto che è il riso a distinguere gli uomini dagli animali aveva proprio ragione.

Io capisco la gente, quelli che se la prendono, quelli che vengono colti alla sprovvista o si infastidiscono. I primi tempi è stato davvero difficile: da una parte girare con un bambino che dovevi tener d’occhio di continuo, dall’altra sapere che uscendo di casa ti esponevi quasi certamente, in qualche punto della giornata, alla pietà o al malanimo del prossimo. E credetemi, non so dire quale sia peggio.

All’inizio provavo vergogna, abbassavo la testa, e con Andrea prendevo il largo, a pezzi. Poi c’è stato il periodo della reazione: “Lui è un ragazzo autistico, per quello fa così. E tu? Tu che problema hai? È l’ignoranza? La stupidità? Cos’hai?”. Ora non reagisco neanche più, sono fiero di Andrea e mi fanno veramente pena le persone che non si rendono conto.

Non è stato facile arrivare fin qui. Di questo passo, quando sarò ancora più forte, forse riuscirò anche a non far più caso alla peggiore delle manifestazioni della nostra società: l'indifferenza, l'esclusione. Ma come si fa a rifiutare un po' di attenzione a bambini e ragazzi che desiderano stare con gli altri, ma non hanno la possibilità di comunicare con loro?

In più c'è sempre il problema di perderli. Quella volta in Brasile con Andrea è stata la più seria, ma anche in Italia è successo mille volte. Una delle molte cose semplici che non sa fare da solo è camminarti a fianco tranquillo; senza preavviso parte in un'altra direzione: ed è velocissimo, perché il suo giovane corpo atletico e flessibile non ha proprio niente che non vada. È la sua mente che non riesce a dare gli ordini giusti. A un certo punto, disperato, ho pensato anche al guinzaglio, ce ne sono, per i bambini. Pare brutto, ma è altrettanto brutto trascinare per mano un bimbo che si divincola come un disperato, per tacere del fatto che Bianca ormai non riesce quasi più a tenerlo, Andrea è già un ragazzino molto forte. Cosa succederà quando sarà grande? Anche in questo come nella scrittura e in tante altre cose non c'è che una via: cercare di educarlo, chiamando a raccolta ogni atomo di pazienza.

Da più di un anno sto sperimentando un nuovo metodo: invece di aspettare che sia lui a scappare, fuggo io. Lo lascio andare due passi avanti a me e sparisco, mi nascondo. Anche così, non è che la gente non ti guardi, ma in genere pensano a un gioco, sorridono, passano oltre. Dopo un po' Andrea si accorge che non ci sono e allora possono succedere due cose: o parte per i fatti suoi, e mi tocca uscire dal nascondiglio e corrergli dietro; oppure, il più delle volte, si ferma, si guarda intorno perplesso: com'è che papà non mi sta addosso? Allora torna indietro nel punto in cui mi ha perso, spesso con un sorriso perché ormai ha capito il gioco, e mi viene a cercare. Capite? È lui che viene a cercare me. La sua mente imprigionata riesce a imporsi, per una volta, e a fargli fare la cosa giusta. Che è starmi vicino.

Sembra poco? Ebbene, lo è. Ma è moltissimo: perché le volte che il gioco funziona sono più di quelle in cui lo perdo tra la folla e mi tocca correre e chiamare. E perché sono comunque tanti gli episodi imbarazzanti in cui va ad abbracciare le persone per strada, a rubare le patatine nei piatti degli sconosciuti al ristorante, ad afferrare qualcosa che lo attira e a uscire senza pagarla quando siamo nei bar o negli autogrill. Ho imparato tutte le cose da dire e le facce da fare per placare sconosciuti offesi. Ho imparato tutte le espressioni di risposta e le frasi fatte. Ho imparato, un po' ma non del tutto, a non prendermela. Ma quando una donna mi ha chiesto, indicando Andrea che vagava come a caccia di farfalle: "Ha preso un acido?", ho risposto: "Magari".

Almeno l'effetto di quello passa.

È la mamma di una compagna di classe di Andrea a chiamarmi per prima.

"Franco, mi dispiace molto, è stato orribile quello che è successo. Mia figlia ha pianto per tutta la cena. Sappi che se vuoi intraprendere un'azione legale sono con te. Credo anche gli altri."

Dopo scuola Andrea è tornato a casa fuori di sé, si muove senza posa per le stanze, fa a pezzi tutti i giornali che trova, ha lo sguardo spiritato, sofferente. La maestra di sostegno, un ragazza bruna, minuta, aveva gli occhi pesti dal gran piangere mentre mi raccontava.

"È tutta colpa mia," continuava a ripetere. Ma non vedo cosa avrebbe potuto fare. Mentalmente ricostruisco la scena.

Andrea, che fa la seconda media, ha un momento dei suoi. Si alza dal banco, vaga per la classe, forse va a dare fastidio a qualcuno. Non è facile, in questo periodo, ed è sempre più forte. L'insegnante di sostegno cerca di trattenerlo ma non ci riesce, lui esce nel corridoio. Arriva il preside, che per inciso è un tipo rigido la cui frase preferita è "Metto tutto a posto io". Magari fosse vero.

Sono sicuro che la sua idea sia solo fermare Andrea e riportarlo in classe. Ma c'è modo e modo di avvicinarsi a lui e convincerlo a fare qualcosa che non vuole, e quando è agitato i modi sono proprio pochi. Il preside tenta di afferrarlo, lo prende per i capelli – quando Andrea si divincola sono l'appiglio più facile, viene naturale – e vista dall'esterno ormai sembra una rissa in piena regola. I compagni sono tutti usciti dalla classe, guardano attoniti, qualcuno grida: "No, lo lasci stare!". La confusione sicuramente non migliora lo stato di Andrea, che si agita sempre di più. In quella specie di zuffa, lui e il preside si spostano e vanno a finire in mezzo ai bidoni dell'immondizia, si rovescia tutto, Andrea cade e, alla fine, si placa. Il preside, ansante, si guarda in giro e vede intorno a sé decine di sguardi inorriditi.

"Be', che c'è da guardare? Professoressa, li riporti in classe!" strilla.

Uno stratega. Un diplomatico.

Mi sembra impossibile. La scuola negli ultimi anni ha fatto grandi passi per questi ragazzi: l'accettazione, l'integrazione. Certo siamo all'inizio, c'è ancora molto da fare, però da tempo la maggior parte degli operatori scolastici è attenta e premurosa verso i ragazzi speciali. Per Andrea la scuola è stata un toccasana: l'amicizia dei compagni di classe, i rapporti con alcuni insegnanti.

Ma la sera, alla telefonata di quella prima mamma ne seguono altre, praticamente in tutta la classe non c'è un solo ragazzo o ragazza che non sia tornato a casa traumatizzato, e non c'è un solo genitore che non sia indignato e non voglia testimoniarmi la sua solidarietà. Sono molto grato a queste persone oneste e civili. Ma mi sento anche esausto, il giorno dopo, mentre entro a scuola pronto ad affrontare l'ennesima grana, l'ennesima battaglia.

Per prima cosa interrogo i bidelli, che mi confermano che c'è stata una scena violenta. Mi dicono anche che oltre a tenerlo per i capelli il preside dava continuamente pugni in testa ad Andrea, un dettaglio testimoniato anche dalla professoressa e da diversi compagni, che sarà confermato dai verbali dei carabinieri. Ma allora, non sarà proprio vero? Poi vado dal preside. Sono irritato come qualunque padre il cui figlio sia stato, comunque la si voglia vedere, malmenato dal capo dell'istituto, ma sono anche pronto a mettere a posto le cose, magari con una sua pubblica scusa, un messaggio ai genitori. Semplicemente un gesto che riconosca che una situazione difficile è sfuggita di mano, che non si voleva fare male, e che ci impegneremo tutti per cercare di migliorare le cose.

Potrebbe essere anche un'occasione di miglioramento, come a volte lo sono i traumi. Questo dell'educazione sociale a scuola è un mio chiodo fisso. Penso che sarebbe utile se fin dalle elementari, un'ora alla settimana, si cominciasse a parlare di disabilità, facendo riflettere i ragazzi su cosa sono queste condizioni, queste patologie, su come si sentirebbero se fosse successo a loro. Sarebbe utile se ogni bambino, fin dai sei anni, dovesse dedicare un'ora alla settimana a un ragazzo disabile della scuola; se tutti i compagni poi dedicassero un pomeriggio al mese a stare con lui, anche solo per ascoltare musica, fare una corsa, un'uscita. Allora, sin dall'infanzia, si creerebbero trenta amici di un ragazzo disabile, e forse di quei trenta dieci, o cinque, rimarrebbero amici che permetterebbero al ragazzo, crescendo, di avere qualcuno con cui ogni tanto andare al mare o in piazza, invece che stare sempre chiuso in casa o in qualche struttura, con la solitudine come unica amica. E soprattutto anche i "non disabili" sarebbero stati allenati fin da piccoli alla diversità, a capire e rispettare la sofferenza. Non sarebbe una straordinaria lezione di vita? Certo, è importante imparare le tabelline ma insomma, se hai problemi con una moltiplicazione c'è la calcolatrice, però se hai problemi con la sottrazione continua di tempo, di attenzione, di umanità, per quei problemi lì che strumento abbiamo inventato?

L'educazione sociale a scuola non è il rimedio per tutti i mali, ma sarebbe un inizio. A cinquant'anni, a quaranta, è troppo tardi per apprendere queste cose, ma se a me le avessero insegnate da bambino, forse non ci sarebbe voluto un figlio autistico per farmi capire. Un'ora alla settimana in cui ognuno è indirizzato a non aver paura ma ad aiutare, ognuno un amico che poi sarà per sempre. Così ciascuno dà l'un per cento della propria vita a chi è in difficoltà e in sofferenza.

Mentre attraverso i corridoi diretto all'ufficio del preside penso a tutte queste cose e quasi mi metto di buonumore da solo. Prenderemo spunto da questo brutto episodio per reimpostare i rapporti, per dare il buon esempio, per aprire una nuova stagione, penso. Questa potrebbe diventare la scuola modello per un nuovo esperimento educativo sulle disabilità. Entro in presidenza con decisione, ma sorridendo.

"Buongiorno." Gli stringo la mano, mi siedo, mi sporgo sul tavolo. Tutto il mio linguaggio corporeo denota disponibilità, ne sono certo. "Allora, mi faccia capire cosa è successo ieri."

Lui incrocia le braccia, mi guarda attraverso gli occhiali, alza un sopracciglio. Ahi. Livello della disponibilità: basso.

"Con suo figlio? Non è successo proprio niente."

Mi raddrizzo in modo da guardarlo dall'alto in basso e la mia voce si fa più fredda, ma resto calmo.

"Senta, i genitori di venti ragazzi, per tacere dei bidelli, mi hanno detto che c'è stata una scena piuttosto sgradevole, ieri. Vorrei solo che mi desse anche la sua versione, così capiamo cosa fare."

"Scena sgradevole? Io non l'ho toccato!"

"Preside, l'ha toccato eccome. Ce l'aveva per i capelli in mezzo ai bidoni dell'immondizia."

"Come si permette? Non è vero niente! Io la denuncio!"

Io non sono uno che litiga. In genere, quando capisco che la situazione è proprio deteriorata, prendo e me ne vado. Lo faccio anche questa volta: mi alzo, lo guardo negli occhi, in silenzio, per un lungo minuto. Lascio che si addensi nell'aria il peso delle parole che dovrebbe dirmi e non mi sta dicendo. Ed esco. Questo signor preside terrorizzato e sulla difensiva non può e soprattutto non vuole aiutarmi a risolvere il problema. Ma il problema c'è: è un minore, autistico e traumatizzato; e intorno una classe in rivolta. La storia non può finire qui. A questo punto sono davvero arrabbiato.

Telefono alla responsabile provinciale a Treviso, le spiego l'accaduto. Emette vaghi suoni consolatori e conclude con un incoraggiante: "Terremo la situazione monitorata. Non si preoccupi, la richiamo io".

"Ma in che senso?" Non sono affatto tranquillo. Che cosa vuoi monitorare? Intanto lasciamo lì questo preside che mette le mani addosso a un ragazzo disabile e nega l'evidenza?

"Signora, io non ho più il coraggio di mandare Andrea a scuola; tutte le altre famiglie sanno di questa situazione, bisogna affrontarla."

"Certo, ora prendo io in mano le cose, la richiamo."

Dopo qualche giorno di silenzio, la richiamo io.

"Guardi che io voglio andare in fondo a questa cosa," la avverto. "Mio figlio non vuole più andare a scuola, l'ho tenuto a casa due o tre giorni e poi ho provato a riportarlo, urlava, è sconvolto."

Lo capisco anche, poveretto. Sei lì imprigionato in questa macchina dell'autismo che non va né avanti né indietro, hai un momento di crisi, oltretutto arriva uno che te le dà... Il preside, poi, non uno qualsiasi.

"Come le ho detto, sto facendo delle verifiche, signor Antonello. Prenderemo i provvedimenti del caso. Le farò sapere al più presto."

Sembrano frasi tratte da un manuale – e non dei migliori – per la gestione del padre arrabbiato. Non hanno l'aria di corrispondere ad alcuna reale intenzione di risolvere il problema. E infatti passa un'altra settimana senza notizie da nessuno. Sono sempre più inferocito, e gli altri genitori con me. Facciamo una raccomandata per spiegare per l'ennesima volta le nostre ragioni e chiedere una rapida soluzione. La indirizziamo al preside, alla responsabile provinciale, al ministero della Pubblica istruzione. Non un cenno. Riprovo a chiamare e questa volta non mi passano nemmeno la donna al telefono. Spedisco via avvocato altre cinque raccomandate, sempre indirizzate al preside, alla responsabile provinciale e al ministero. Il preside della scuola di Andrea viene spostato in un altro istituto, a circa tre chilometri di distanza.

Dopo cinque anni di inesausti tentativi, la scrittura facilitata sta cominciando a dare qualche risultato. Alle domande rivolte a lui e scritte sul computer Andrea ora risponde con brevi frasi che hanno senso. È stata una così grande vittoria leggere le sue prime "comunicazioni". È come se arrivasse posta da un altro pianeta. Da qualcuno che non ti ha mai detto neanche: "Ciao papà, è successo questo". E pensare che se Bianca non si fosse accanita con questo metodo per cinque anni, due volte la settimana, nonostante le difficoltà, io avrei mollato già molto prima. Ora Andrea scrive da solo, purché il facilitatore gli tenga un dito sulla schiena.

Così scrive:

Paure, uomo duro preside

Abbiamo saputo quanto è successo e desideravamo sapere innanzitutto come stai tu rispetto alla situazione...

Logorato

Metti parole...

Uomo disperato io credo sia

È quanto pensiamo anche noi. Questo non giustifica quanto ha fatto.

Era bomba contro di me

Uno brontola ma non picchia

Vorrei sapere se tu sei tranquillo.

Non a scuola mio destino

Cosa vuoi dire?

Rompo e non mi vogliono

Chi non ti vuole?

Tutti

Andrea riesce a tornare in aula, ma ormai sono deciso ad andare fino in fondo. Come si permettono di trattare dei cittadini con tanta indifferenza? Come si può far mancare il gesto fondamentale di una spiegazione, di una scusa, di un impegno a far meglio in futuro? E se questo signore "ammaestrato" dall'impunità ne facesse un'abitudine, di malmenare i suoi studenti? So di essere stato solo sfortunato a incontrare persone poco capaci di comprensione e dialogo, e che sono molto più numerosi i bravi presidi, insegnanti, dirigenti della Pubblica istruzione. Ma in questo momento mi sento solo contro tutto il mondo.

Sporgiamo denuncia per violenza verso un minore disabile. I carabinieri intervengono, interrogano i testimoni, stendono verbali. Confermano l'accaduto. Parte il processo. Bianca e io siamo stressatissimi, il costante silenzio delle istituzioni ci umilia, ci ferisce. Il preside, per conciliare, propone di donare una somma alla Fondazione I Bambini delle Fate. Ma pensa te. In ogni caso, scopriamo con sconforto, se anche venisse condannato al massimo della pena se la caverebbe con poco, al massimo, forse, una sospensione. E stiamo parlando di mesi, anni di bruciori di stomaco, ansia e amarezza, per noi. Infine, a parte le spese legali, corriamo il rischio di finire sui giornali. Voglio davvero che mio figlio, la sua bella faccia e il suo sorriso diventino il simbolo di questa storia sgradevole?

Non resta che chiederlo a lui. Se lui vuole, se ne ha bisogno per ottenere serenità, andremo avanti.

Lui risponde.

Il giorno dell'apertura del processo, mi alzo in piedi di fronte al giudice.

"Signor giudice," gli dico. "Mio figlio, minore e disabile, è stato picchiato nei corridoi della sua scuola, dal preside della sua scuola. Lui e un'intera classe sono rimasti traumatizzati da questo fatto, che in una società civile non si può non considerare di estrema gravità. Ma le istituzioni di questa stessa società civile hanno scelto il silenzio e l'indifferenza, e anche una condanna non varrebbe a compensare i ragazzi di quello che hanno passato, né a rendere meno vergognoso il comportamento di chi avrebbe dovuto prendersi cura di loro e della situazione in cui si trovavano. Ho chiesto la sua opinione in proposito e, sebbene sia affetto da autismo, è riuscito a comunicarmi che desidera lasciar cadere l'accusa. Signor giudice, prendo atto che mio figlio cosiddetto 'disabile' è più *abile* alla vita e alle relazioni umane di molte altre persone che ricoprono incarichi di prestigio e di responsabilità. Da cittadino, sono preoccupato e offeso. Da padre, sono orgoglioso e fiero. Ritiriamo la denuncia."

Andrea (2011)

Ciao Andrea.

Ti devo chiedere una cosa importante, riguarda il fatto accaduto ormai anni fa a scuola, quando il preside ti ha aggredito usando violenza su di te.

Come sai, è andato avanti il processo nei suoi confronti e siamo giunti alle udienze in tribunale. Purtroppo la giustizia è lenta perché molte sono le cause dei tribunali e il nostro avvocato dice che il massimo che si può ottenere sarà una condanna penale al preside e tutto finisce lì. Per questo si devono spendere ancora soldi di pratiche e ci vorranno tempo e incontri in tribunale per il prossimo periodo.

Possiamo decidere di continuare, per ottenere quello che ci sembra nei nostri diritti, o lasciar perdere tutto.

Io vorrei continuare perché non è giusto lasciar perdere anche nei confronti di tutti i ragazzi con disabilità che sono oggetto di maltrattamenti, ma volevo il tuo parere...

Io perdono preside, lui perso il controllo. Uomo con ansie e paure. Anche andrea perde controllo.

Sono d'accordo, Andrea, ma almeno tu chiedi scusa. Le scuse a volte sono sufficienti a spiegare un fatto. Qui però né il preside, né soprattutto l'istituzione scolastica lo hanno fatto.

Basta azione legale.

Scriviamo al giornale, per aiutare altri ragazzi con esperienze simili alla mia

Ho finito opinione.

Andrea (2013)

Ciao Andre, vorrei un tuo pensiero sull'indifferenza di tante persone verso la disabilità, che con sguardi o atteggiamenti vi mettono da parte...

Io non credo di esser opposto a loro. Uomini tutti degni rispetto e amore troppo belli e complicati per non essere accolti.

Molto vicino sono a chi mi rifiuta so che un giorno capiranno. Verità esce sempre.

Loro mi cercano io gli aspetto uomini sono miei amici.

15.
Vasco e Liga

Noi siamo musica nati per esprimerci per stare sulle note diverse di ogni vita. Dentro al suono mi ritrovo e mi perdo libero completo contento di stare solo con gli altri che come me ascoltano e si emozionano.

Andrea, 2013

È una bella sera di luglio quando ce ne andiamo tutti insieme al concerto di Vasco Rossi. Insieme? Sì, anche Andrea. Siamo a Venezia, al Parco di San Giuliano, per l'Heineken Festival. Uno spazio immenso, affollato, colorato, caotico. E io ci sto portando un ragazzo autistico.

Con il tempo, pian piano, Andrea ha imparato, se non a camminarmi vicino, almeno a ritrovarmi, quando mi nascondo o semplicemente entro in un negozio. Ora non devo più stare all'erta tutto il tempo. Ma nonostante questo, un concerto... Sono previste cinquantamila persone. Andrea e io saremo due gocce nel mare. D'altra parte è uno spettacolo indimenticabile, il grande Vasco e la sua musica, compagni di tante nostre serate passate in auto a girare a tutto volume per il Veneto. Credo che vedere un concerto dal vivo sia il sogno di ogni ragazzo, spero anche il suo, quindi si va. Siamo un piccolo gruppo di amici e amiche tra cui Roberto. Mi è stato sempre molto vicino con Andrea: lo ha portato spesso a fare gite sul suo scooter, e addirittura qualche sera lo ha invitato a dormire a casa sua regalandogli, come scrive Andrea, momenti di "fantastica normalità". Con il suo supporto credo di potercela fare. Si divertirà? Ci divertiremo Roberto e io? Si divertiranno gli amici che sono con noi?

Posso solo dire: speriamo. Ormai non è più questo il punto. Il punto è fare in modo che Andrea possa vivere la sua vita, al massimo.

E Andrea è sparito.

Mi guardo attorno. Sì, è proprio scomparso. I punti di riferimento che potrebbero averlo "calamitato" non sono molti: il palco, le ambulanze, i chioschi delle bibite. E quello che mi inquieta un po': il fiume.

Accanto al quale, noto ora, ci sono proprio due ambulanze e un assembramento di persone. Sembra che abbiano ripescato qualcosa, o qualcuno.

Oddio.

Mi precipito come un pazzo verso quella piccola scena concitata, cerco di farmi largo. Andrea è sempre attirato dall'acqua.

"Guardi che non si può andare."

"Ma forse c'è mio figlio lì."

"Stia indietro!"

"È mio figlio!"

Mi fanno passare, convinti magari dalla mia eloquenza, di certo dalla mia frenesia. Mi faccio strada fino al centro del capannello, dove due volontari del pronto soccorso stanno in effetti rianimando una persona sdraiata a terra vicino al fiume.

È una ragazza. A me sconosciuta.

La guardo, stranito. Il paramedico guarda stranito me. Roberto, che mi ha seguito, scoppia a ridere. Borbotto parole di scusa e mi allontano, con il viso rosso di imbarazzo, verso il nostro posto al centro del prato, dove naturalmente Andrea è tornato e si sta intrattenendo, a modo suo, con le ragazze del nostro gruppo.

Lo scuoterei, ma in fondo non è mica colpa sua se mi sono preoccupato.

Comincia a fare buio, si accendono le luci del palco, parte il concerto, la musica pulsa a mille sotto i nostri piedi, nella terra, nelle vene. Stiamo già tutti cantando con Vasco, anche Andrea, con le braccia al cielo. Siamo in mezzo al prato, circondati da una folla urlante, cantante, bevente.

E Andrea è sparito.

Di nuovo.

Mi guardo intorno, magari come poco fa non è andato lontano, in questa calca poi come ha fatto? Mi sono distratto un attimo. Ma non lo vedo.

Due occhiate con Roberto, di quelle che non occorre aggiungere altro, poi chiediamo al gruppo di restare lì, a fare da "base", e ci separiamo per rastrellare il campo, uno a destra e uno a sinistra. Mentre scandaglio la folla, senza grandi speranze di trovare il mio ago in questo pagliaio, devo dire che riesco anche a godermi un po' il concerto, canto, prendo un sorso di birra, sorrido alla gente. Forse sono meno ansioso per via del falso allarme di prima, forse perché da un po' di tempo, grazie a quella mia intuizione delle "fughe strategiche" ho allenato Andrea a cercarmi e ritrovarmi, se non a non perdersi. L'ennesima prova che se costringi questi ragazzi a uscire dai loro limiti *possono* uscirne. Se li assecondi e li lasci fare, peggiorano. E forse non ho troppa ansia anche perché gli ho scritto sul retro della maglia, enorme, il mio numero di telefono. Mi aggiro un po' cercandolo e un po' partecipando all'evento, chiedendomi che mai starà facendo lui, a chi starà fregando l'acqua, con chi starà saltando. Come sta vivendo un momento di vita autonoma. Mi concedo insomma i pensieri di un padre qualunque per un figlio qualunque, un vero lusso. Se qualcuno proprio lo vedesse comportarsi in modo strano, ragiono, magari darà un'occhiata alla maglietta, troverà il numero e mi chiamerà.

Tra la gente si perde Roberto, mi perdo io, ogni tanto cerco di tornare alla "base", ma non ci riesco perché in mezzo a tanta folla in continuo movimento è difficile ritrovare il luogo esatto da cui si è partiti. Per di più, il cellulare non prende.

Passa più di un'ora, ma continuo a essere tranquillo, lo ritroviamo, sì magari tardissimo, quando il parco si svuota. Manca poco alla fine del concerto, sto ancora cercando la base, spero non si siano mossi.

E lo vedo. Capelli al vento, sorriso stampato in faccia, lo sguardo determinato: fende la folla come una freccia. È a pochi metri di distanza ma è come se fosse nello spazio: la folla tra di noi è troppo fitta. Lui non mi vede, ha lo sguardo fisso davanti a sé come un missile o un radar. Sa esattamente dove sta andando. Vorrei saperlo anch'io. Chiamo "Andrea!" ma ottengo solo di far voltare un capannello di ragazze e ragazzi che mi guardano come se fossi ubriaco. Con fatica mi faccio largo, lo seguo a una distanza che non si riduce, ma almeno riesco a non perderlo di vista.

"Andrea!"

E in pochi minuti mi trovo fra i miei amici. E con lui, che sorride soddisfatto. Non so se stia dicendo "Te l'ho fatta" o "Ce l'ho fatta". La nostra base, l'ha trovata lui. Insomma, va a finire che quello che si era perso ero io.

Io, e Roberto. Mi guardo attorno, ora dove sarà finito il nostro amico?

Lo ritroviamo, a concerto finito ormai da un'ora, in piedi con aria sconsolata tra i mozziconi e i bicchieri di plastica vuoti, non lontano da uno dei cancelli di ingresso al parco. Gli batto una pacca sulla spalla, un po' contrito perché so che si è preoccupato più di me e non ha passato una gran serata. Ma non posso farci niente, su tutto domina la soddisfazione.

Andrea ha vissuto un'ora tutta sua, ha visto il concerto come ogni ragazzo sogna di vederlo, magari da vicino al palco: un'esperienza meravigliosa per qualsiasi diciassettenne, impensabile per un autistico. Un assaggio di vita vera, indipendente. Se l'è guadagnato.

Abbiamo rischiato, certo. Ma se rischiare vuol dire ottenere successi, piccoli ed enormi come questo, allora rischierò di nuovo.

E infatti abbiamo rischiato ancora. L'ho voluto portare al concerto di Ligabue: dal nostro grande idolo siamo andati da soli. Stadio di Udine.

Andrea era uno come gli altri: libero, felice, emozionato. Mi è stato sempre vicino, e quando il Liga cantava:

Portami dove mi devi portare
Africa, Asia, o nel primo locale.
Fammi capire cosa vuol dire
viaggiare davvero

sembrava fossero parole di Andrea per me.

Abbiamo ascoltato quando Liga, rivolgendosi ai ragazzi del pubblico, ha detto più o meno così: "Ragazzi, prendete sempre le dovute informazioni su tutte le problematiche che la vita vi pone, e solo quando siete ben informati poi... poi fate quello che volete". Una conferma di un mio modo di vedere le cose, la vita. Un braccio sulle spalle di Andre, un'occhiata e gli ho detto: "Ok, Andre. Impareremo le regole, insieme. E poi infrangeremo tutte quelle che vogliamo".

Tornando verso casa urliamo rock a squarciagola in autostrada. Andrea non toglie mai dal viso un meraviglioso sorriso che vale mille volte un "grazie". E penso: ci vuole musica per questi ragazzi. Allegria, vita, non le solite situazioni tristi da cui sono spesso circondati.

"Sai cosa facciamo adesso? Chiamiamo Liga e Vasco e gli dico che li vogliamo insieme, per un grande pezzo dedicato ai ragazzi come te. Che faccia ballare tutte le vostre stramberie."

Andrea (2011)

Ciao Andre, allora ci dici dove sei stato per un'ora quando sei andato in giro da solo al concerto di Vasco Rossi?

Bella musica e canzoni di Vasco ho ascoltato al concerto sono andato a fare un giretto fino in fondo per calmare cuore e ascoltare bene

Sei andato vicino al palco o dietro dove c'era più spazio?

Vicino palco
Percorso quadruato in mezzo persone

Hai visto qualcuno che conosci?

No

Hai toccato le persone?

Mai

Come mai sei stato via così tanto?

Guardavo vasco

Ma lo sapevi che eravamo preoccupati che ti fossi perso?

Papà sa che andrea non dimentica strade

Ti è piaciuto Ligabue a Udine?

Liga e papà sono uguali, mi piace papà che canta guardare con papà

Doppio papà sul palco e vicino a me

Uomini rock con andrea

Parte terza
Franco e Andrea

16.
Rinunce e miracoli

Andrea sconvolge piani e aiuta a guarire da egoismo

Andrea, 2008

È l'ora più calda del giorno più caldo della primavera più calda del secolo. Almeno, così mi sembra mentre trasporto per le scale due scatoloni traboccanti, alle due del pomeriggio di un giorno di maggio. Sulle spalle un addio e l'ennesimo trasloco. Dentro di me è un grande dolore. Lei non c'è, è al lavoro. Ho provato davvero a vivere insieme, in questo paese non lontano da Castelfranco, ma a volte neanche l'amore basta. Non riesco a essere felice a spese di qualcun altro. Quante notti insonni, quanti pensieri consumati, ma alla fine la decisione da prendere non poteva essere che questa.

Mi sono trovato con Andrea e con un grande amore nello stesso momento e in un modo che non riuscivo a incastrare tra di loro. Nessuno mi ha costretto, o messo davanti a una scelta, anzi. Ma il tempo che sarebbe stato necessario, a me, per vivere questa storia nel modo giusto, chi glielo avrebbe ridato ad Andrea?

Ed eccomi qua. Infilo nella station wagon l'ultima borsa, gli ultimi oggetti sparsi e calzini spaiati, getto un ultimo sguardo al portone e mi metto al volante. Avvio il motore, destinazione appartamento a cinque stelle, il mio rifugio di trentasei metri quadri nella torre, da dove ero partito, non così tanti anni fa, per la mia vita perfetta con Bianca: io, lei, un fantastico bambino.

Non ci pensiamo.

Non voglio andare subito a Castelfranco, però. Fa un po' male questo momento, e gli sguardi e le voci mi colpirebbero come pugni. Così, prendo la strada.

Devo essere una scena da fumetto, visto da fuori. In questa station wagon c'è tutta, ma proprio tutta la mia vita. I vestiti, le scarpe da calcio, le carte della banca, qualsiasi cosa che mi appartiene, insieme a me e ai miei pensieri. Non ci entrerebbe più nemmeno uno spillo, un cd, un ricordo, un sospiro. Guido, vagando per la provincia, in questa situazione scomoda e buffa, con una cassa di documenti che mi preme contro il fianco e l'impianto stereo dietro in posizione precaria, che se freno bruscamente mi precipiterà sulla spalla. Treviso, Padova, Jesolo, Venezia. Mi fermo a mangiare in una trattoria per camionisti, chiacchiero con il barista – che risorsa, i baristi, chi ha bisogno degli psichiatri? –, risalgo, riparto, altri chilometri.

E pian piano, mentre la strada si srotola davanti a me e il passato diventa futuro, mi sento bene, mi sento male, vomito, ma sento che è giusto quello che sto facendo. Io sono qua. Sono sulla strada e non c'è niente, di me, fuori da questa macchina.

Giro senza una meta fino alle due di mattina, invaso da queste strane sensazioni che vanno dall'euforia al rimpianto, sotto la luna di questo inizio maggio. Nel cuore della notte, parcheggio nella piazza deserta. Guardo su, la torre che mi attende.

Sono tornato.

Ho messo via un po' di illusioni,
che prima o poi basta così,
ne ho messe via due o tre cartoni
comunque so che sono lì...

Ricordo quel mio viaggio in un istante, oggi, mentre dico a Bianca: "Andrea dovrebbe venire a vivere con me".

Sono passati quasi cinque anni da quella notte di maggio, cinque anni in cui il mal di cuore è stato forte. La convinzione di aver fatto la scelta giusta è stata più forte. Le ferite, però, sono ancora aperte. In questa primavera del 2008 sono tornato a vivere dove sono nato, in un appartamento che guarda il castello, al primo piano del palazzo accanto all'albergo di famiglia. Bianca, Andrea e Alberto sono appena qualche strada più in là, in un appartamento più grande con il giardino, adatto alle necessità di due ragazzi che crescono.

Adesso è di nuovo il momento di cambiare. Bianca ormai non ce la fa più a gestire questo ragazzo bello, speciale, ma scatenato e forte come un toro. Alberto sta crescendo, e non diventa certo più facile la convivenza con un fratello maggiore che mette a soqquadro le sue cose, distrugge quel che gli capita a tiro, lo abbraccia sempre troppo forte. E non ultimo lo espone agli sberleffi di alcuni compagni di scuola: "Sai, papà, quando vedono passare Andrea, lo prendono in giro," mi ha confessato un po' fra i denti, un po' esasperato per la situazione in cui si trova, un po' vergognoso per l'insensibilità dei coetanei. I ragazzini possono essere crudeli. In un momento difficile della crescita, avere un fratello autistico influisce, negativamente, su troppe cose. I genitori hanno fatto la loro vita, almeno un po', possono permettersi di mettere da parte molto futuro da dedicare a questi figli speciali. Ma i fratelli? Loro accanto alla disabilità ci sono nati, ci passeranno la vita.

Alberto è così importante, senza di lui non so se avrei lo stesso spirito. Lo vedo crescere, tutto è facile, va a scuola da solo, passa i pomeriggi con gli amici, è sveglio e gioca a calcio.

Mi lascia più energie per Andrea. So di volergli un bene della stessa intensità, né più né meno, ma differente. C'è poco da filosofeggiare: differente.

Con Andrea possono volerci intere settimane per capirsi, con Alberto può bastare una telefonata.

E poi ci sono i momenti come qualche sera fa, una di quelle peggiori in cui Andrea era completamente scatenato, tirava fuori tutti i vestiti dall'armadio, li ammucchiava, pescava i documenti dalla mia borsa, li sparpagliava, compulsivamente, incessantemente. Alla fine l'ho messo in un angolo, con durezza: "Resta lì". Mentre lavavo i piatti guardavo fuori dalla finestra, il castello illuminato, le mani immerse nell'acqua saponata, la testa immersa nello sconforto. Come si fa a vivere così? Poi ho sentito una mano sulla spalla, una mano da adulto, confortante. Come le parole che sono seguite: "Dai, papà, lo sai com'è Andrea, dobbiamo stare più tranquilli con lui".

Eccolo, Alberto. Un ragazzino di neanche dieci anni, con i suoi problemi e le sue incertezze, che a volte è capace di insegnarmi le cose che dovrei insegnargli io.

Forse qualcosa si è salvato
forse davvero non è stato poi tutto sbagliato...

Non è facile, mai. In questi ultimi anni mi sono dedicato a essere per Andrea l'amico e il compagno, quello delle giornate al massimo, dei sassi nel lago e dei giri in moto al mare o in montagna. Da molto tempo lavoro solo la mattina e i pomeriggi sono suoi.

Spesso anche le serate: ho amici fantastici che lo accettano e lo amano. E se penso a qualcosa di cui vado fiero, è che tutti insieme abbiamo saputo tirar fuori qualcosa di bello dalla fatica, dall'amarezza e dalle difficoltà dell'autismo. Qualche angolo di quiete, durante la tempesta.

Ora si fa un altro passo. Come in tutte le relazioni, è il momento della grande prova: vivere insieme. Vado a convivere. Con mio figlio.

"Tieniti stretto, Andre, che tra un po' facciamo i tuffi!"

Domenica d'agosto, Andrea e io lanciati verso la spiaggia sulla nostra Harley Davidson. Cosa voglio di più dalla vita? Mi sembra che dopo un periodo impegnativo le cose stiano finalmente andando a posto. Ho dovuto fare delle rinunce che ancora bruciano, va bene. La Fondazione è una nuova avventura che non so dove mi porterà, d'accordo. L'autismo è sempre là, un vento impetuoso che scompiglia le carte delle nostre vite, ogni giorno. Mai una sola ora di tregua. Ma è come se dietro al disordine necessario dell'esistenza cominciassi a vedere una struttura, un futuro possibile.

Ormai è così. Godermi le cose e basta non è più un'opzione. La mia vita sarà per Andrea e poi, se resta tempo, per me. D'altronde ne ho fatte tante, ho avuto molto, se anche finisse qui, avrei da lamentarmi? Non credo. Mentre mi farebbe soffrire eccome il pensiero di non aver dato il massimo per lui, per regalargli tutte le esperienze che altrimenti gli sarebbero precluse. Come risultato non mi basta più niente. Se mi trovo una fidanzata e Andrea non l'avrà mai. Se sono in movimento e Andrea è a casa fermo. Se sto ridendo con gli amici e Andrea è da solo. Non è più possibile. E quindi ho scelto la mia strada: vivremo insieme, continuerò a dedicare le mattine al lavoro e i pomeriggi a lui, forse avremo delle avventure. E, certo, continuerò anche a prendermi i miei spazi, mica ho intenzione di diventare un eremita musone. Se io fossi Andrea, d'altra parte, che padre vorrei? Uno sempre triste o uno allegro e fantastico, lanciato ai centotrenta all'ora come in questo pomeriggio d'agosto?

Metto la freccia e comincio a sorpassare la lunga colonna di auto dei vacanzieri, chiusi nelle loro scatole a quattro ruote sulla strada del mare. Io da aprile la macchina la lascio in garage, vuoi mettere la libertà della moto? Sento vibrare dietro di me l'euforia di Andrea, dei suoi quindici anni così diversi dai miei. Ma su certe cose ci capiamo, lui giovane animale, io animale un po' meno giovane ma comunque deciso a viversela, questa imprevedibile avventura che è la vita.

Un incrocio, una macchina che si sposta per girare a sinistra, il tempo di pensare "Dio, no" per una frazione di secondo, prima dell'impatto. Non c'è scampo. La moto sbatte contro il cofano dell'auto cade a terra non mi rendo neanche conto volo volo volo solo un momento di blackout e poi sveglio vigile dolorante oltre il ciglio della strada a quaranta metri dalla mia Harley schiantata dall'auto da cui sta uscendo una ragazza.

Primo pensiero: dov'è Andrea?

Secondo pensiero: la gamba è andata. Vedo il mio piede destro in una posizione stranissima tutto sulla sinistra, a novanta gradi come se l'intera gamba si fosse staccata, disarticolata all'altezza dell'anca. Il dolore è così forte che non è più neanche dolore, sta in un'altra dimensione.

Terzo pensiero: dov'è Andrea?

Quarto pensiero: il mio amico Mario ha avuto un incidente d'auto e gli hanno amputato una gamba. Ce l'ha fatta lui, ce la farò anch'io.

Quinto pensiero: dov'è Andrea?!

Tutto questo nel minuto scarso che serve a una torma di persone per scendere dalle macchine e venire ad assieparsi attorno a me, inutilmente, dannosamente. Urlo di spostarsi.

"Levatevi, levatevi, devo guardare mio figlio, è autistico, sta male, ha paura, lasciatemelo guardare, deve vedermi!" Non si levano, sono disperato. "Andrea, Andrea!"

Se io ci ho rimesso una gamba, chissà lui com'è ridotto.

"Andrea!"

"Papà! Papà!"

Parla. Non è morto. Ma non può essere illeso. Al pensiero che possa essersi rotto qualcosa la paura è così tanta che sovrasta ogni altra mia sensazione, non provo quasi più dolore. Ma non riesco a muovermi, per andare a vedere. Solo giro la testa nella sua direzione.

Finalmente la folla si apre, un tizio la fende come Mosè sul Mar Rosso e mi apre una via, vedo Andrea. È venti metri più in là – pazzesco, avrà volato almeno sessanta metri – e sembra che abbia ancora tutto al suo posto, gambe, braccia, tutto. Fa' che sia così. Dio, fa' che sia tutto a posto, farò qualsiasi cosa, non mi importa di restare monco, fa' che Andrea sia tutto intero. Il tizio si china su di me: "Signore, sono un dottore, stia calmo, ora vado a vedere suo figlio".

Il modo in cui lo dice blocca il mio mezzo attacco di panico, all'improvviso, come spegnere un interruttore. Vedo che va da Andrea, lo tocca con fare competente, spero che stia tranquillizzando anche lui. Si raddrizza e torna da me.

"Non si preoccupi, ha preso un sacco di botte ma non si è rotto niente, sta bene."

Mi sale un sollievo forte come una droga.

"Stai tranquillo, Andrea, stai tranquillo, va tutto bene, non hai niente!" grido. "Ora ci portano all'ospedale, andrà tutto bene!"

"Papà, male, papà!"

"Sì, ma adesso ti fanno stare bene. Stai tranquillo!"

Intanto sono arrivate due ambulanze, il paramedico ha in mano una siringa. Capisco dalla ruga verticale sulla sua fronte che quello messo davvero molto male sono io. Chiama l'ospedale: "Chiedo l'autorizzazione per un'iniezione di morfina, l'incidente è grave".

La risposta gli fa corrugare ancora di più la fronte.

"No, non lo sto chiedendo, la *devo* fare. Le assicuro che è indispensabile, poi le porto il referto."

Altri cinque secondi.

"Ascolti, gliel'ho già fatta, scriva che gliel'ho fatta, poi le spiego."

Interrompe la comunicazione, brusco come il Dottor House, scuote la testa e mi fa l'iniezione.

"Ora dobbiamo spostarla, sentirà molto male," mi avverte.

Annuisco, mi interessa solo una cosa: "Posso andare in ambulanza insieme a mio figlio?".

"Purtroppo no, non c'è posto. Ma le assicuro che suo figlio sta molto meglio di lei, ce ne prenderemo cura, tornerà come nuovo. Aspetti, comunque può parlargli."

Mi mettono sulla barella, quando mi girano dritta la gamba il dolore è indescrivibile, a dispetto della morfina. Ma quando mi affiancano la barella di Andrea e gli vedo lo sguardo vivace, nonostante la smorfia di dolore, il sollievo è più forte. Allungo una mano a toccarlo.

"Ora ci portano in ospedale, non puoi stare sull'ambulanza con me perché non c'è posto, ma ci vediamo là, ok? Ok?"

Fa una specie di cenno, sembra tranquillo, nel fondo degli occhi gli vedo la preoccupazione per me.

"Papà sta bene, Andre, non è niente, vedi che sono tutto intero? Non preoccuparti."

In ambulanza, tiro fuori il cellulare miracolosamente intatto e mando un sms agli amici che ci aspettano in spiaggia a Jesolo: "Ho avuto un problemino. Ci sentiamo più tardi".

Un problemino. Ho la gamba staccata dal resto del corpo. Forse è la morfina che parla.

La sera mi rendo conto che ne avrò per un bel po'. Mi hanno pompato dentro non so quanti litri di sangue, si sono affaccendati per ore come uno sciame di api intorno alla mia gamba, devono operarla ma è gonfia come un canotto, non possono far niente fino a che non migliora un po'. Non lo dicono, ma so benissimo che non sono sicuri di riuscire a salvarla. Comincio a pensare alle protesi, a come sarà la vita con una gamba di legno, mi immagino pirati, modi per guidare la moto, modi per nuotare, alla rinfusa. Mi è salita la febbre, non sono lucido. Andrea è nel letto accanto al mio. A ogni movimento urla di dolore. Io sono bloccato, riesco a muovere solo le braccia, ma almeno posso controllarlo con la voce, tranquillizzarlo mentre attraversiamo insieme questa notte infinita, senza sonno e senza pace, con i pensieri che si rincorrono e lo sfinimento che sale.

Ho chiamato Bianca che è in Puglia per dirle di tornare, e mio fratello Gianni per chiedergli se può tenere qualche giorno Alberto, che stava passando la giornata con le sue figlie. Le cose pratiche sono organizzate. Appena arrivata, Bianca recupera Alberto e si prende cura di Andrea, lo lava, gli dà da bere, ora c'è lei con lui e finalmente mi rilasso, i muscoli, la mente, posso pensare a me, al mio dolore.

Andrea, a parte i molti lividi, si è fratturato il malleolo, terrà il gesso per un mese, ma è un miracolo, un volo di sessanta metri, atterraggio in un fosso e solo una frattura. Avevo paura di averlo rovinato per sempre. Penso se fosse stato il contrario, io il malleolo e lui zoppo per tutta la vita, non me lo sarei mai perdonato. Ringrazio tutti gli dèi in cui non credo, l'Antico Testamento, il Nuovo, il Corano, le divinità dell'Olimpo, tutti, grazie a tutti, ripeto incessantemente dentro di me, rintronato dalla stanchezza. Dieci giorni da incubo in attesa che la gamba sia operabile. E poi steso immobile, vietato ogni movimento.

Ma una notte mi alzo. Sono attaccato con tubi a qualsiasi cosa, ho una gamba maciullata, è fisicamente impossibile, ma mi alzo. Ne ho un ricordo vago, mentre ho vivido in mente il sogno, prima.

Una voce disincarnata che mi spiega, mi illustra. Ai nostri piedi l'immagine quasi geografica della mia vita, con le cose fatte e non fatte, in ordine e in disordine, il giusto e lo sbagliato. Una vista dall'alto impossibile da avere mentre stai al mondo, dentro la tua pelle. Quindi forse al mondo non ci sono più. Forse questa è la resa dei conti, il famoso riepilogo.

Ehi, niente scherzi. C'è Andrea laggiù, lo vedi, voce? Lui è una delle cose giuste che non ho ancora fatto fino in fondo. Ora non posso, quindi. Ho visto, ho capito, ma lasciatemi tornare.

E mi alzo. Mi ritrovo, non so come, ai piedi del letto, aggrappato alla sponda, appoggiato sulla gamba buona, in uno stato ipnotico. Faccio rumore, accorrono infermiere inorridite oltre che sbalordite davanti al miracolo dell'uomo che cammina con una gamba ridotta in frammenti. Farfuglio qualcosa, non capiscono quasi niente anche perché sono nel panico di dovermi rimettere a letto prima di spezzarmi in due. "Bisogna aiutare, aiutare, adesso so," una roba così. Il messaggio all'umanità del visionario sotto sedativi si perde in un turbine di: "Sì, però torni a letto, per carità".

La mattina, quando arriva Bianca a trovarmi, ho un ricordo confuso ma la accolgo prendendole la mano in una stretta d'acciaio.

"La Fondazione, devo far funzionare la Fondazione. Ora so. Bisogna aiutare chi è rimasto indietro nella vita, chi è in difficoltà, bisogna aiutare gli altri. La solidarietà è tutto." Questo tono drammatico e perentorio non mi appartiene. Ma sono profondamente convinto di ogni parola. È come se tutto fosse chiarissimo, come se un'immagine del futuro che si stava delineando da mesi, da anni, ora fosse perfettamente a fuoco. La priorità è questa: una vita migliore per Andrea, una possibilità per tutti i bambini e i ragazzi come lui che hanno avuto in sorte un gioco truccato.

Bianca mi mette una mano sulla fronte.

"Non hai la febbre, però hai gli occhi da pazzo. Ora devi stare un po' calmo e pensare a guarire." Sbircia la mia gamba cercando di non sembrare angosciata.

"Bianca, appena esco di qui devo darci dentro. Voglio dedicarmi al cento per cento alla Fondazione. Voglio che vada come un treno."

"Ma certo, Frank, appena esci. Ce la faremo, faremo tutto."

Andrea (2008)

Molte persone continuano a dirmi in questo periodo che sei un angelo, che ti sei scelto tu questa vita da autistico, che hai una missione sulla Terra, che sei in contatto con Dio, che stai bene, che devi scegliere fra stare così o stare nella dimensione terrena, e la scelta sarà solo tua eccetera...

Vero che esseri umani hanno una missione.

Io aiuto papà a essere umile e in percorso spirituale e a pregare

. andrea è bravo angelo

E quando la tua missione è compiuta cos'altro ti resterebbe da fare?

Diventare umano come voi umani limitati

Vuoi dire che guarirai dall'autismo?

Forse. Non posso dire

Io sto male perché vedo che così non puoi avere amicizie, una fidanzata, un futuro, insomma una vita normale. L'unico desiderio è che tu guarisca dall'autismo.

Aspetta e prega

Ma posso o devo fare qualcosa in più?
No

Tu stai bene o stai male così?
Bene e male.

Mi darai qualche aiuto, che non la conosco molto la via spirituale?
Papà arrivi da solo

Grazie, eh.
Prega

17.
L'imprevisto

Io guarisco papà, sì. Guaritore sono

Andrea, 2011

Alle sette meno un quarto della mattina mi cambia la vita. Di nuovo. Lì per lì, non mi è chiaro se in meglio o in peggio.

Sono a Milano per lavoro. La prima avvisaglia è lo squillo del cellulare a quest'ora, mentre sto ancora dormendo. È un messaggio di Stefano. Proprio l'amico del sugo nelle borse al ristorante.

"Franco, vai in edicola a comprare 'Panorama'!". Certo, è questa settimana che deve uscire l'intervista, mi dico ed esco dall'albergo, curioso.

L'estate scorsa, il più gran colpo di testa della mia esistenza si è trasformato nell'avventura più bella. In primavera ho deciso: Andrea, andiamo a fare il viaggio della vita. Quello che ogni ragazzo sogna. Solo tu e io, in moto, attraverso gli Stati Uniti. E poi giù in Sud America, perché no. Come vagabondi, dovunque ci prenda l'ispirazione, taverne e motel, pompe di benzina, canyon e orizzonti finché ci bastano le gomme e il fiato.

Ma come, non avevamo avuto un incidente in moto da rimetterci la pelle, neanche due anni prima?

Appunto. Cosa devi fare quando cadi da cavallo? Rimontare in sella il più presto possibile. Cioè ora, perché mi ci è voluto un anno solo per la riabilitazione. Ad Andrea, per fortuna, la frattura è andata a posto senza problemi e dopo un paio di mesi correva e saltava come prima. A me sono serviti una decina di giorni solo per sgonfiare la gamba, dopodiché mi hanno operato. Non sapevo che si usasse il Black & Decker anche per le ossa. Ha fatto un po' impressione sentire quel rumore di trapano, grrzzzzz... bam, che perforava l'osso e passava dall'altra parte per mettere il gancio e tenere la gamba in trazione. Un mese in ospedale, quattro a letto odiando ogni minuto la condizione di non-autonomia, di non-vita, poi a gennaio ho potuto mollare le stampelle. E in primavera, pian piano, a suon di terapia tre volte la settimana, stanchezza, movimenti da imparare da capo, mi sono rimesso in piedi. Praticamente un anno sabbatico. È il momento, ho pensato, l'azienda l'hanno presa in mano i miei collaboratori nel frattempo diventati soci, la Fondazione mi aspetterà un po', adesso sto fermo un giro, mi prendo cura di me stesso e di Andrea.

Lui ha cominciato a vivere con me, anche lì è stata tutta da imparare. La casa è di tutti e due ma le cose devono stare come vuole lui: i rubinetti con la leva girata tutta dalla parte dell'acqua calda, le finestre chiuse oppure tutte aperte, le sedie allineate e la mia preferita sempre con lo schienale contro il muro, i telecomandi in fila sullo schienale della poltrona – che è un posto scomodissimo –, il coperchio del water sempre chiuso, il tubetto del dentifricio schiacciato sul davanti, le luci o tutte spente o tutte accese, e avanti così in un elenco infinito. Non è facile vincere il fastidio di non avere mai le cose come e dove le vorresti. La guerra delle copertine l'abbiamo vinta a fatica, un'arrabbiatura dopo l'altra: ad Andrea piace tanto fare i coriandoli con tutto quello che si trova intorno. Coriandoli di libri tolti dagli scaffali, coriandoli di foto insostituibili, di poster, di soldi se lasciati in giro...

Non è stato semplice. No, per niente, ma neanche impossibile.

E poi è arrivata la trovata del viaggio. Una di quelle idee luminose che quando ti vengono sai che lo farai. Panico di Andrea, che dopo l'incidente non voleva più salire in moto. Panico di Bianca, che per tre mesi interi non lo aveva mai lasciato. Panico dei medici, che un autistico ha bisogno di routine, mica di andarsene in giro alla ventura come, come... Li guardavo, severo. *Come uno normale?* E se invece ci provassimo? Se provassimo a vedere se siamo capaci di fare lo sgambetto all'autismo, di prendere il destino alle spalle e scuoterlo un po'? Un anno dopo pestavo sull'acceleratore, eravamo partiti. Tre mesi a zonzo per le Americhe: un ragazzo autistico e il suo papà, a caccia di avventure, liberi come l'aria. Ne abbiamo anche trovate, che fossero ragazze in bikini o posti di blocco della polizia. Abbiamo preso tutto come veniva, vivendocela giorno per giorno.

I nostri lunghi silenzi, i tanti abbracci, gli sguardi con cui ora ci intendiamo al volo: il viaggio è servito a conoscerci meglio, a imparare a comunicare. A me è servito anche ad apprezzare di più la possibilità di fermarmi e non pensare a niente, recuperare concentrazione. A capire un po' più a fondo questo strano contrasto, fra il villaggio dei paesi poveri e l'emarginazione dei paesi progrediti, un pensiero che avevo in testa già da anni, ma che ho toccato con mano solo in questa situazione. Mi è bastata la differenza tra l'accoglienza ricevuta in una città relativamente ricca e "civilizzata" del Nord America e in un villaggio disperato del profondo Sud. *Lassù*, al mio ennesimo "Scusi, è un ragazzo autistico" la risposta è stata "Ah, ok!" ma con lo sguardo dicevano: "Però stai per conto tuo". *Laggiù*, la reazione alla stessa frase è stata sempre "Ah, ok!", ma gli occhi, e le mani, dicevano: "Allora *vieni*". Nel villaggio del Sud, ad Andrea quando fa i suoi numeri danno una pacca sulla spalla e lo portano a ballare. E si sta tutti sulla stessa piazza, nella stessa barca.

Durante il viaggio prendevo appunti, ogni giorno, su un "diario di bordo". Altrimenti come avrebbero fatto Bianca e Alberto a essere partecipi delle nostre avventure? Scrivevo la cronaca, le emozioni, le vibrazioni con Andrea: tutto.

Al ritorno è stato logico pensare di trasformarlo in un racconto, e ho chiesto un preventivo a una tipografia: qualche centinaio di copie per gli amici, i compagni di scuola di Andrea, i suoi insegnanti. Pensavo: se riesco a trasmettere Andrea così come l'ho vissuto io in questi mesi, aggiungendo quello che lui scrive al computer, chi lo conosce non lo tratterà più da ragazzino disabile che "chissà se capisce", ma scoprirà che quel ragazzo strano è in realtà una persona profonda e percettiva, cosciente di tutto, capace di trasmettere emozioni forti. E magari lo tratterà come tale. Mi sembrava un modo originale di aiutarlo a farsi conoscere e agevolare il suo stare con la gente.

Poi una sera nell'ufficio del mio amico Jobe, l'unico che continua a dirmi che Andrea guarirà: "Ma sai che io conosco uno scrittore?".

"Uno scrittore? Ma dai!"

"Sì, si chiama Fulvio Ervas. Magari ti può dare una mano a scrivere questo tuo libro. Non che tu non sia capace, ma così viene fuori una cosa più rifinita."

"Ma costerà un botto. Uno scrittore, figurati."

"Prova a chiederglielo, dai, te lo presento."

E così questo libro, che erano solo i miei appunti di viaggio, è diventato un romanzo vero, di uno scrittore vero. Che a un certo punto ha pure trovato un editore, quello di Fulvio, la Marcos y Marcos. Un libro i cui protagonisti siamo io e Andrea. Mica male. Prima ancora che uscisse è venuto addirittura un giornalista di "Panorama" a casa, per farmi l'intervista, come a una star.

Arrivo in edicola curiosissimo. Porgendomi la rivista, il giornalaio mi guarda con aria strana.

"Ehi, ma è lei?"

Guardo la copertina e mi viene un colpo.

"È mio fratello," dico, in fretta: la prima cosa che mi è venuta.

"Complimenti!"

Mi allontano quasi di corsa fissando la copertina. Foto a tutta pagina: io e Andrea. Per un momento penso a uno scherzo degli amici, ma sarebbe troppo elaborato. No, non c'è altra spiegazione: siamo *davvero* sulla copertina di "Panorama". Mi avevano detto: "Sarà un servizio breve". Quando poi avevo visto l'entusiasmo del giornalista, Stefano Lorenzetto, mica uno qualunque, e le tante foto scattate, avevo pensato che magari sarebbe stata una pagina in più. Ma la copertina? Scoppio a ridere in mezzo alla strada. Mi metto una mano in tasca per prendere il cellulare ma, che scemo, l'ho lasciato in albergo. Mentre rientro in camera lo sento che suona, smette prima che riesca a raggiungerlo. Guardo il display. Trentaquattro chiamate e centodiciassette messaggi, e sono le 8.30 del mattino.

Certo: sono su Facebook con il mio nome e cognome. E con il mio numero di cellulare. L'assedio continua per tutto il pomeriggio, anche dopo che ho cancellato il numero da Facebook: stampa, tv, radio e associazioni, sconosciuti totali che vogliono farmi i complimenti. La sera accendo il computer: oltre mille nuove email. Vado completamente in tilt, spengo tutto, chiamo Ervas, chiamo l'editore, non c'è modo di fermare questa cosa?

Non c'è modo. E qualche settimana dopo nemmeno lo vorrei. Perché ad aprile 2012, il libro è in libreria e io anche, a emozionarmi mentre guardo una piccola pila del nostro *Se ti abbraccio non aver paura*. Negli stessi giorni un numero di Milano mi richiama insistentemente. Alla fine rispondo.

"Sì?"

"Sono Nicola delle *Iene*, vorremmo dedicare una puntata ad Andrea."

Figurati, *Le Iene*. Dai, questo sì che è uno scherzo. C'è sicuramente lo zampino dei miei amici milanesi. Sono in casa di Bianca e c'è anche Andrea, e per fare il contro-scherzo gli passo il cellulare.

"Andre, sono *Le Iene*, parlaci tu."

"*Le Iene* belle!" dice subito e parte un dialogo incomprensibile tra Andrea e Nicola, che si innamora già per telefono. Ne uscirà una puntata che fa conoscere Andrea e l'autismo a mezza Italia.

Quando poi mi dicono che Daria Bignardi ci ha invitati a presentare il libro in trasmissione tocco il cielo con un dito. E l'abisso dell'angoscia: io in televisione? E Andrea? Già me lo vedo che le tocca la pancia in diretta. Un incubo. Al primo incontro con la conduttrice sono teso, a malapena le stringo la mano e comincio a dirle: allora, io vorrei parlare prima di Andrea, poi del viaggio, poi della Fondazione, poi della solidarietà... In dieci minuti le faccio tutto lo schema di quello che vale la pena di raccontare. Lei sorride, annuisce, penso: sto andando bene, l'idea le piace. Poi si china verso di me, dolcissima: "Bene, Franco, allora facciamo così. Mercoledì io resto a casa e la trasmissione te la fai tu, va bene?".

Ops.

Comincio a scusarmi, a cercare di spiegarle.

"Daria, è che io ci tengo a far passare dei messaggi ben precisi, c'è un motivo per cui sto facendo tutto questo, che non è certo diventare famoso..."

Lei scuote la testa, capisce benissimo, mi tranquillizza.

"Tu vieni lì, ti siedi davanti a me, siamo io e te, ci guardiamo negli occhi e non c'è nessun altro. E mi racconti questa cosa come hai fatto adesso, senza tanti piani," dice.

Ed è proprio così che va.

Il libro è un bestseller, arriva in cima alle classifiche, decine, poi centinaia di migliaia di copie volano via dagli scaffali, dovunque mi volti vedo la copertina verde chiaro, moltiplicata all'infinito come in un gioco di specchi. Un giorno mi chiama Claudia, di Marcos y Marcos: "Abbiamo venduto i diritti in Cina". In Cina? E in Francia, Spagna, Germania... In otto paesi. Sembra di stare su un ottovolante.

Adesso molte persone ci fermano per strada, fanno i complimenti a me o ad Andrea, lo riconoscono, lo abbracciano. Un gruppo rock di Treviso, i Quarto profilo, ci dedica due canzoni: *La rotta* e *Se ti abbraccio*, quest'ultima composta con le parole che Andrea scrive al computer. Andre, l'autismo che diventa rock.

Ogni volta che qualcuno mi chiama "scrittore" – anche se lo scrittore è Fulvio – penso all'elenco dei lavori che avevo preso in considerazione da bambino e c'erano l'astronauta, il calciatore, persino il cantante, ma lo scrittore no, non l'avrei mai pensato.

Per me, che ho sempre dovuto conquistarmi quel che volevo, nella vita e sul lavoro, palmo a palmo, questo stare sul palco così inatteso è un regalo fantastico. E anche un po' spaventoso: tra Facebook ed email continuano ad arrivare centinaia di messaggi al giorno, ogni messaggio una storia, una testimonianza, un appello. E mentre prima, per la Fondazione, correvo dietro a ogni singola, minima opportunità e contatto, ora sono loro ad assediare me. Non riesco a tenere il ritmo.

Molti dei messaggi che ricevo riguardano il problema dei vaccini. Rispetto a cui io non sono certo un esperto, al limite qualcuno la cui opinione rispecchia quella di chiunque per strada. E quando sei per strada, alle prese con la realtà quotidiana, capita che vengano dei brutti pensieri. Vuoi vedere che a un certo livello sanno tutto, sanno se i rimedi sono efficaci o inefficaci, se le epidemie sono vere o montate, sanno quali sono gli effetti collaterali, però viene prima il business?

Non sono un medico e so poco, tecnicamente, dei vaccini. So che alcune settimane dopo essere stato male in seguito a una vaccinazione, Andrea che era un bambino sano è diventato autistico. Causa-effetto? Come faccio io ad averne le prove? Però in questi mesi di messaggi, di contatti con altre famiglie, di testimonianze raccolte, scopro tante cose che non sapevo. Che in Italia ci sono centinaia di cause vinte contro lo stato per vaccinazioni che hanno causato disabilità, e avvocati che si sono specializzati proprio in questa battaglia. Lettera dopo lettera, diventano *seimila* le testimonianze delle famiglie che mi scrivono che è successo anche a loro esattamente come a noi. E scopro che una grande casa farmaceutica ora scrive sul bugiardino del vaccino "può causare autismo".

Può causare autismo? E vi pare poco? Comincio a capire che la nostra notorietà almeno a una cosa può servire: a diffondere queste tre semplici parole. Ci sia o non ci sia del marcio interesse dietro, questo nessuno me lo dirà e io non potrò mai scoprirlo, ma so fare 1+1+1: viene fuori 3. Sbaglierò. Però parliamone. Non dobbiamo più aver paura di dire che di certi vaccini bisogna discuterne, che ci vogliono altre garanzie. Con le informazioni che ho, io ho scelto di non far vaccinare Alberto, né farei vaccinare alcun altro figlio. Mi prendo questa responsabilità. Peggio di così cosa può succedere?

I seimila messaggi delle famiglie distrutte dal vaccino sono tantissimi, ma sono solo alcuni dei molti che arrivano. C'è chi chiede cosa può fare per me, chi cosa posso fare io per lui, chi lancia progetti – e a volte poi nasconde la mano –, chi racconta la sua storia, e poi complimenti, dubbi, precisazioni, consigli, inviti a cene, conferenze, scuole, giornate campestri. C'è da impazzire. Da un certo punto di vista, non sono mesi facili: la fatica quotidiana della vita con Andrea, il lavoro con la Fondazione, che ha preso corsa e va seguita, e ora anche tutto questo.

Cominciano le presentazioni in giro per l'Italia, tanta gente ovunque. Un pomeriggio sono con Fulvio Ervas in una libreria di San Donà di Piave, grandissima, piena di persone da scoppiare. A un certo punto sento come una vibrazione tra la folla, guardo in fondo verso la porta. È arrivato Andrea.

Dal palco vedo la folla che si apre per farlo passare e lui che attraversa il corridoio umano come un vero divo sul tappeto rosso, con tutti che lo toccano e lo acclamano: "Vai, Andre!", "Grande, Andre!". Lo guardo che getta sorrisi a destra e a manca come benedizioni e mi viene un groppo in gola. Chi ce lo doveva dire, Andre, che nella vita ti aspettava pure questo? A te, quello che "Signora, se deve fare così se lo tenga a casa?". A te, il "diverso"?

Porti addosso qualche segno proverò a tirarteli via,
posso solo questo sogno scusa per la mia fantasia.
Giù in platea sedie di legno,
gole secche per la sete d'eroi.
E Marlon Brando è sempre lui...

Andrea (2012-2013)

Le trasmissioni tv fanno conoscere la nostra storia a tantissime persone. Così, quello che doveva essere un diario per raccontare Andrea a chi lo circonda diventa un libro che fa conoscere meglio i ragazzi con autismo. "Da quando c'è il libro la gente per strada non guarda più mio figlio con insofferenza, ma si avvicina e chiede: 'È autistico? Come Andrea?'. Si incuriosisce, è più disponibile," mi ha scritto una madre. E in tanti come lei. È questo il risultato più bello.

Anche Andrea ha dovuto abituarsi alla notorietà.

Maggio 2012

Ciao Andrea, come ti va?
Un casino sta succedendo Franco

Mi pare che stiamo facendo una cosa bella...
Tanto rumore, ho paura di voler fare meglio

Fare meglio?
Ora non voglio fermarmi ma paura ne ho

Paura di...
Non operare bene la mia immagine la mia storia

Per operare intendi...
Far vedere

Vorremmo capire meglio qual è la tua paura. Di non essere all'altezza o cos'altro?
Penso che la mia storia possa aiutare altri ragazzi ma non voglio dare un'immagine sbagliata

Ci dici cosa ne pensi degli articoli usciti in questi giorni?
Vita bella sembra la nostra ma molto soffriamo ogni giorno. Io vorrei che si ricordasse anche questo.

Giugno 2012

Ciao Andre.
Ciao a tutti

Andrea, puoi dire qualcosa per tutti quei genitori che hanno un ragazzo con autismo che non riesce a comunicare? Ci sono genitori che non hanno mai avuto un solo pensiero dal loro figlio.
Ciao genitori belli di tutti sono graditi visi sorridenti

Ottobre 2012

Ciao Andrea, vuoi dire una frase per la trasmissione tv di domenica?
Ospite d onore sarò in questa trasmissione di giovani uomini, loro attenzione per autismo ci sarà perchè

chi ama lo sport è aperto al diverso lontano dai pregiudizi, mi sono fatto gol volando con miei pensieri.

Spieghi a noi "umani" questa tua ultima frase?
Non in negativo, ho vinto con i miei pensieri si parla di autismo. Sono felice.

Marzo 2013

Hai chiesto di essere presente a questa trasmissione. L'obiettivo della tua presenza è...?
Un aquilone che vola forte e visibile, se manca l'aria cade

Spiegaci meglio.
Sono io e la mia storia di ragazzo autistico sicuro che senza l'aiuto di tutti non vive

Qualcosa da aggiungere?
Resistiamo se esistiamo, parlate di noi, grazie
Fammi vedere anche nelle mie difficoltà papà io sono contento così Andrea autistico e è Andrea bello.

È una richiesta?
Non far vedere in trasmissione solo Andrea bravo devono vedermi nel mio problema.

Andrea (2013)

Ciao caro Andrea... noi pensiamo, e tante famiglie con noi, che sei diventato autistico a causa dei vaccini... prevengono tante malattie ma hanno effetti collaterali... non sappiamo cosa ci sia dietro a tutto questo... e Alberto dopo la tua esperienza non è stato vaccinato... Un tuo pensiero a riguardo...

esatto io temo che la

Mia condizione

Sia dovuta a fattori esterni e non dalla mia nascita. Troppo poco conosciamo della fragile mente autistica per avere una risposta certa ma fermare la ricerca non dobbiamo nostro

Compito e capire per aiutare oltre ogni stupido interesse di parte. Io devo por

Tare questo messaggio mai arrendersi possibile fare e sapere di più. È Finito

18.
Fare

Dura la vita fratello Jorge, sono veri momenti di gioia quelli trascorsi con lui, io gli ho donato una semplice casa lui fragili sorrisi di vita che mi hanno fatto sentire grande uomo

Andrea, 2013

Poi, a gennaio, rieccoci sull'aereo. Torniamo da Jorge. Con noi c'è la troupe delle *Iene* di Giulio Golia.

Nel viaggio, l'incontro con Jorge è stato il più grosso colpo al cuore. Un ragazzo poco più grande di Andrea, autistico come lui, e per di più con le gambe paralizzate, chiuso in una baracca nel Sud del Costarica, con qualche parente e un paio di maiali macilenti. Mangiava platano, riso e fagioli tutti i giorni, era sempre solo, sempre immobile sul letto, tutta la vita, con un giorno di "vacanza" all'anno per andare in ospedale alla visita di controllo, per confermare la pensione di pochi dollari al mese. Che meraviglia di vacanza. Il pensiero mi ha colpito come un pugno: veramente c'è gente come me, con due occhi, due gambe, che vive così? È la storia più crudele del libro, da cui secondo me nasce la pagina più bella, che non è una di quelle del racconto. Ma quella dietro al frontespizio, in cui si dice che la quota del ricavato delle vendite del libro che spetta a me e ad Andrea finirà in un progetto ben preciso: una casa per Jorge.

Quando Marcos y Marcos mi ha detto che avrei ricevuto una percentuale dei diritti d'autore non ci volevo credere. Ma come, io pensavo di stampare qualche centinaio di copie a spese mie e questi non solo pubblicano il libro e lo distribuiscono in tutta Italia, ma mi danno anche dei soldi?

Se è così, che sia per qualcosa di bello, una cosa concreta. Diamoli a Jorge. Ho fatto due conti e all'inizio mi aspettavo che saremmo riusciti a fare al massimo una bella festa, con lui e con la sua famiglia, e sarebbe stato già qualcosa. E se invece il libro avesse successo? mi sono chiesto, ma la risposta era facile. Questo ragazzo ha bisogno di tutto, vive in una baracca: avrà una casa. L'ho voluto scritto, sul contratto e sul libro.

E invece vedi, a volte, la vita. Qua la casa di Jorge ci vien fuori sul serio.

Non è così facile comprare un immobile dall'altra parte del mondo. E sarebbe stato impossibile senza l'aiuto di Andrea e di Demetrio, due miei grandi amici che da qualche tempo vivono in Costarica. A settecento chilometri dalla baracca di Jorge, ma comunque lì. Sono loro ad andare più volte nel paesino di Jorge, sistemano la burocrazia, i dettagli pratici e trovano un'avvocatessa del posto, molto brava, che ci impedisce di prendere solenni fregature. E alla fine abbiamo le carte in mano, una bella casa, nuova, in un paese di medie dimensioni, non lontano dall'ospedale, con la luce e il gas e l'acqua calda e tutte le comodità.

Arriviamo alla baracca di Jorge tutti esaltati, io e Andrea, Demetrio e l'altro Andrea, e i nostri nuovi amici Iene, Giulio con il suo entusiasmo, Nicola con la telecamera, il capo delle operazioni. Sembriamo un gruppo di compagni in vacanza, Andrea scherza con tutti, soprattutto con Nicola c'è molto feeling: "Amico nero, grande amico mette ordine come Andrea," gli scriverà. E a Giulio: "Caro amico grazie divertimento sicuro con te. Andiamo ancora in viaggio". Non gli sfugge niente, tantomeno che dietro questa allegria, questo apparente caos e svacco, c'è una professionalità temprata in anni e anni di lavoro.

La sera giochiamo a carte, ridiamo, beviamo. Ma sentiamo nell'aria l'emozione di un'azione meravigliosa che stiamo per compiere: il giorno dopo buttiamo giù la baracca, tutti insieme, letteralmente a calci. È il momento più bello. Ogni calcio un colpo alla miseria, alla disperazione. E poi portiamo Jorge in trionfo nella sua nuova casa, in giro nelle stanze con la carrozzina nuova, vedo il suo sguardo e quello raggiante di sua nonna e di suo zio, e lì mi raggiunge un senso di completezza come lo si prova di rado: è fatta. D'accordo emozionarsi, d'accordo l'entusiasmo, ma se oggi voglio bene al libro che racconta la nostra avventura americana è perché ha fatto una cosa concreta. Questa. Non solo per la casa in sé: quella è un simbolo e vale uno. Ma l'amore è un'esigenza e vale cento, e forse questa esperienza servirà a ispirare qualcun altro. Come scrive Andrea: "Aiutare è bello ci aiuta a essere migliori. Dico vera cura per Jorge è nostra amicizia". Non saprei dirlo meglio.

Oggi, quando vado a dormire, spesso penso che Jorge ha un tetto vero sulla testa, un letto, la carrozzina per muoversi, e dormo meglio anch'io. Poi, certo, mi viene da aggiungere: quanti Jorge ci sono? Che senso ha fare *una* casa a *uno* Jorge? E d'altra parte, che senso ha non farla? Intanto una c'è: cominciamo a spazzare per terra, a mettere in piedi tante piccole cose concrete ogni giorno, e così magari dopodomani cambia anche il mondo.

Più facile che cambiare la testa della gente, penso fumando di rabbia appena poche settimane dopo. Sono tornato a Castelfranco da poco, e alla scuola di Andrea si sta già parlando dell'esame di maturità, previsto tra qualche mese. La preside è una persona molto in gamba, precisa, sicura. A me sembra troppo distaccata, ma alla fine il contatto vero con Andrea lo hanno gli insegnanti, i compagni, i bidelli. È in quella scuola già da qualche anno, e all'inizio sono andato a parlarle per capire insieme quali passi avanti potevamo far fare ad Andrea, quali strategie si potevano mettere in atto perché si integrasse meglio con i compagni, come usare anche a scuola la comunicazione facilitata.

Non ci sono voluti molti colloqui per capire che non c'era un piano su cui potessimo guardarci faccia a faccia, e aiutarci a fare i rispettivi lavori. Lei, la preside. Io, il padre di un ragazzo disabile. Due mondi che potrebbero parlarsi, ma che, se il livello di disponibilità si limita al contenuto delle circolari ministeriali, non si incontreranno mai.

E infatti negli anni successivi ha continuato a sostenere che andava tutto bene, che le insegnanti di sostegno stavano facendo un buon lavoro, anche quelle che non avevano la minima esperienza d'autismo, anche negli anni in cui Andrea non raggiungeva neanche uno degli obiettivi pratici minimi programmati insieme.

"Ma dalle relazioni delle Asl risulta che è tutto nella norma," obiettava lei ogni volta.

"Guardi, io non so cosa risulta, ma la verità è che dall'anno scorso a quest'anno Andrea è peggiorato."

E così via, dialogo tra sordi, dopo un po' ho smesso di andare. Certo, non me lo potrei permettere se non ci fosse Bianca che resta a continuare la battaglia. Come fanno mille altre famiglie di ragazzi autistici, costrette ogni giorno a chiedere per favore e sentirsi umiliate e andare avanti tra mille difficoltà e soffrire di fronte a rappresentanti delle istituzioni burocrati e indifferenti. Non molti, certo, ma purtroppo ne bastano pochi per peggiorare tante vite.

Quest'anno però è diverso. A giugno Andrea ha la maturità. Voglio compiere uno sforzo, voglio credere che almeno per questo passaggio cruciale faremo grandi cose.

"Dai, che quest'anno facciamo un programma fantastico," le ho detto all'inizio dell'anno.

Lei mi ha guardato da sopra gli occhiali. La temperatura nella stanza si è abbassata di almeno dieci gradi.

"Signor Antonello, gradirei che in queste riunioni ci dessimo del lei, perché stiamo parlando delle disposizioni ufficiali del ministero della Pubblica istruzione."

Per tutto l'anno è andata solo Bianca ai colloqui, e ora che chiediamo che Andrea possa fare il tema di maturità con la comunicazione facilitata ci torna la risposta: non è "previsto dal regolamento".

Be', diventare autistico non era previsto da Andrea. Vediamo di adattare un po' il regolamento, visto che lui si deve adattare all'autismo. Peraltro, il tema d'esame delle scuole medie lo ha fatto così. Perché invece quello di maturità, l'esame più importante della vita, deve farlo con un test a risposta multipla? Negli anni ha compiuto progressi, scrive da solo, con un tocco appena del facilitatore, e scrive frasi intense e percettive. È disabile ma ha una qualità, un'abilità, una soddisfazione: vogliamo dargli uno spazio o vogliamo ammazzarlo? Se scrive con il computer ed esprime cose bellissime, per sensibilità e maturità, perché non lasciarglielo fare?

Gli scorsi anni abbiamo dovuto scendere a compromessi, mandar giù qualche rospo, accettare troppi obiettivi mancati e la frequenza di tre ore di scuola al giorno, anziché sei come dovrebbe essergli garantito. Adesso però è diverso. In questa battaglia non faccio prigionieri.

Siamo costretti a rivolgerci al responsabile provinciale e a quello regionale. La volta scorsa, con l'incidente alle medie, non sono stati proprio pronti a rispondere. Ma stavolta la situazione è diversa. Il successo del libro ci ha messo sotto i riflettori? Ebbene, come li abbiamo usati per Jorge, li useremo per un'altra buona causa: attirare l'attenzione su questi ragazzi e sulle ingiustizie a cui sono sottoposti ogni giorno, sulla tirannia dei cosiddetti "regolamenti".

Se ad Andrea non lasciano fare il tema allora non farà l'esame. Lo ritiro dalla scuola. Qui si va fino in fondo. Non per me, neanche solo per lui, ma per tutti gli altri come lui che sono costretti a seguire etichette rigide che valgono per tutti, mentre sono così dolorosamente diversi dagli altri e anche tra di loro, ognuno un pianeta a parte.

Certo che non è un tema a risolverti la vita. Certo che quando Andrea scrive "In moto mi sento un uccello in volo" non cambia il fatto che poi quando scende dalla moto va a rovesciare a calci il bidone del benzinaio, e quello arriva di corsa e bisogna spiegargli tutto, da capo. Sempre. La realtà quotidiana non è quella mezz'ora di scrittura la settimana. Ma fare in modo che possa dire qualcosa di suo, fare capire alla gente che questi ragazzi hanno qualcosa dentro la testa e bisogna riuscire a tirarglielo fuori, questo è importante.

"Darei la vita perché mio figlio potesse scrivere come Andrea e dirmi qualcosa," mi ha scritto una madre. Una che la vita la dà tutti i giorni.

Andrea (2012)

Auguri di cuore, Andrea! Oggi lascio a te la parola...
Buon compleanno voglio vivere e chiedo tre regali, primo Alberto voglio sta sera, secondo voglio rispondere agli auguri terzo voglio chiedere a te papà dopo di parlarmi di quando sono nato, voglio ascoltarti da soli.

Passiamo agli "auguri"...
io come voi sono ragazzo felice di dare mio giovane contributo alla vita bella che è dono grande per tutti noi. commosso che vi arrivi mio grande grazie amici.

Sempre "bello" ascoltarti... C'è qualcosa che vuoi dirci?
Niente facile per me sarebbe vivere senza il vostro aiuto grazie mamma,papà cristi eliana.

Andrea (2013)

Andre, oggi ho visto che quando vai a scuola in bici continui a correre in mezzo alla strada... Se insisti così non potrai più andare con la bici.

Sono spinto al centro da mia vuota testa autistica muoio con questi pericoli lo so papà. Io voglio continuare a correre con la bici.

Le prossime volte sarai accompagnato, poi se ti comporti bene potrai riprovare da solo, altrimenti stop.

Vi chiedo aiuto per riuscirci.

Va bene se viene con te Cristy o Ileana per qualche volta finché ti senti sicuro.

Giusto, ho bisogno di guida.

Bene, faremo così. Altra cosa: ci hanno chiamato dalla pizzeria qui sotto dicendo che ogni volta che passi davanti mentre vai a fare pittura entri e fai casino con le persone, tocchi tutto e tutti, prendi l'acqua e non paghi.

Con la gente vorrei stare ma entro in confusione non mi controllo, non fermo le mani, io ho rubato il loro tempo chiedo scusa. Io vivo con la paura del rifiuto di altri. No facile sentirmi pecora nera.

Sei un numero uno. E io ti voglio bene.
Uomo autistico sei anche tu Franco stando con me. Grazie.

19.
Anch'io ho un sogno

Ho visto paesaggi da sogno
ho guardato foto sognando paesaggi
ho messo i colori del sogno sul foglio
colori di emozioni e ricordi

Andrea, 2012

"L'uomo delle valigie" è sempre là, accanto al muretto che corre lungo la striscia di prato fuori dal castello. Lo chiamano così perché gira sempre con due valigie grosse e slabbrate, ma il suo nome è Giordano. Dorme per strada, sotto i portici, ogni tanto qualcuno gli offre un caffè, un panino. È un vagabondo dignitoso e relativamente giovane, tra i quaranta e i cinquanta, che sparisce per mesi: un periodo a Castelfranco e il resto in giro per il mondo, Barcellona, Marsiglia, Amburgo. Mi sono fermato spesso a parlargli, un paio di volte quando gli ho offerto dei soldi ha respinto la banconota con un gesto cortese ma deciso: "Ora non mi servono," ha detto. Non avere più dello stretto necessario è la sua scelta di vita, mi ha spiegato. Non sono sicuro che non sia un filosofo. In fondo, ci fermiamo mai a guardare le cose dal punto di vista di un altro? Dal suo, per esempio? A volte quella sua risposta mi risuona dentro, risveglia un'eco di quello che sarei potuto essere: non un mendicante ma certo più zingaro, più giramondo.

"Andiamo a salutare Giordano, Andre."

Andrea mi segue con il suo passo rapido, sbilanciato in avanti. Giordano gli sta simpatico. Lui, vedendoci arrivare, ricambia il sorriso.

"Giordano, bentornato!" gli dico.

"Ciao, Franco, ciao Andrea."

"E quelle?" Accenno al muretto accanto a lui, ci sono tre o quattro mucchietti di cartoline, un po' da tutta la regione. Riconosco Castelfranco e dintorni, e poi Padova, Venezia. "Ti sei messo a mandare cartoline agli amici?"

"Ma no, le vendo."

"Le vendi?" Con la coda dell'occhio controllo Andrea che sta guardando le cartoline con pericoloso interesse. Non credo che Giordano voglia finire a vendere coriandoli.

"Ma sì, per prendere un euro, due euro, chi vuole darmeli. Tanto per non chiedere la carità."

Un flash, e mi torna in mente una strada brasiliana e Claudio in macchina, che arringa furibondo i piccoli mendicanti. "Non chiedete la carità, fate qualcosa... Qualsiasi cosa! Dipingete un sasso, fate una barchetta con una foglia, vendetemi quella!" Ho un'illuminazione.

"Giordano, così però non va, delle cartoline qualunque, che senso ha?" Lui spalanca gli occhi, stupito dalla foga con cui ho parlato. "Ho un'idea. Facciamo una società, io e te. Cinquanta e cinquanta."

Mi sembra così semplice. Può funzionare. Lui sorride, ma ascolta attento.

"L'investimento lo faccio io. Compriamo un telefonino, di quelli che fanno le foto, meno scassato del tuo. Mentre sei in giro per i tuoi posti, per l'Europa, fai delle foto. Magari da un ponte sul Tamigi, o sulla rambla di Barcellona, ai giardini di Castelfranco. Me le mandi, e con queste foto mi mandi un tuo pensiero: un'idea di quel momento, una sensazione, un'intuizione sulla vita, sulle persone, due parole su quello che stai provando. E te le faccio io le cartoline: ho un'agenzia, per me è immediato. Ti preparo la cartolina con la foto che hai fatto e dietro il tuo pensiero. E quando mi hai mandato dieci fotografie e dieci pensieri, quando torni, te le faccio trovare stampate, cento per ogni fotografia, e puoi vendere quelle. Cartoline filosofiche. Così sì che vendi qualcosa di speciale, che dai alla gente qualcosa di solo tuo, che non troverebbe altrove. Un punto di vista sul mondo e i pensieri di una persona che ha scelto di vivere per strada."

È un vero e proprio discorso. Andrea si è astratto e sta vagando per la piazza. Appena smetto di parlare, mi accorgo che ho usato con Giordano lo stesso tono di quando istruivo gli agenti per la società. Ma è la stessa situazione. Loro vendono spazi pubblicitari, lui venderebbe immagini e idee: che differenza c'è? Ciascuno a modo suo, tutti viviamo per strada.

"È una buona idea," dice Giordano, con voce non proprio convinta. "Però..."

"Niente però. Dai che andiamo." Lo faccio salire in macchina, valigie e tutto, rotta per il centro commerciale. Sono concentrato sul compito da svolgere e non mi chiedo neanche, lì per lì, che razza di carnevale dobbiamo sembrare, mentre entriamo nel negozio di telefonia io, Andrea che si guarda intorno con il suo largo sorriso e abbraccia chi vuole e l'uomo delle valigie con la sua barba incolta, stropicciato dai capelli alle scarpe. Mi verrà da ridere solo dopo, ripensando alla scena.

Compro uno smartphone.

"Mi lasci il resto?" chiede Giordano.

Glielo allungo, ma sì, se devo fare l'investimento facciamolo bene. Lo riporto in piazza a Castelfranco, ci stringiamo la mano.

"Allora intesi, eh? Io aspetto le foto e i pensieri, e ci vediamo qui tra sei mesi."

Non l'ho più sentito. Molte settimane dopo, una volta ho provato a telefonargli.

"Il cliente da lei chiamato non è al momento raggiungibile."

Chissà dove sono, ora, Giordano e il suo smartphone. Forse gliel'hanno rubato, forse l'ha venduto. Forse si è scaricata la batteria e non si è preso la briga di ricaricarla, o non poteva. Gli incidenti per strada sono tanti. Ma so che tornerà a Castelfranco e lo rivedrò e proverò a far funzionare la nostra "società". Io non mi do per vinto.

Questa delle cartoline mi sembra davvero una cosa intelligente. Comprare una cartolina non è come fare la carità, e venderle non è come chiederla: è un lavoro, un impegno. Di questo c'è bisogno, di dare un senso ai propri giorni, e di organizzazione. Quando vedo la gente così, un po' sbandata, la prima cosa che mi viene in mente non è "poveretto". Ma neanche la seconda o la terza. Sono, nell'ordine: "Chissà cosa lo ha portato in questa situazione, perché vive così?".

"Se io fossi al suo posto cosa farei?"

"Guarda che una chance ce l'hai anche tu."

Deformazione professionale? Io lo chiamo *cambiamento*.

Il cambiamento mi piace, mi è sempre piaciuto. Mi piace quando mi viene in mente una cosa che prima non c'era, la faccio, e funziona. Tra pensiero e realizzazione c'è un sacco di fatica, certo. E comunque anche quando raggiungo le mie mete mi sento niente rispetto a chi fa volare gli aerei, o ripara un cuore umano. Ma ciascuno fa quello che può. E solo se rischi, solo se provi, nascono cose nuove. Così facciamo girare il mondo.

È stato così con la Fondazione. All'inizio ero solo, poi con Bianca, poi sono arrivate altre persone valide, adesso siamo già un bel gruppo in ufficio a Castelfranco e collaboratori in diverse regioni. Sempre pochi per tutto il lavoro che c'è, ma sono fiducioso, cresceremo ancora. Il mio sogno è essere presente in ogni provincia d'Italia: se in ognuna riusciamo a costruire un gruppo di imprenditori e privati che sostengono, riusciremo a dare a ogni associazione che sul territorio si occupa di disabilità infantile la possibilità di smettere di sprecare tempo per mendicare donazioni, e dedicarsi completamente a fare il proprio lavoro in modo professionale. Per questo voglio fare della Fondazione una realtà nazionale, e solo allora mi considererò soddisfatto.

Le difficoltà sono state, e sono, molte. Per esempio, inciampo continuamente in tre frasi che, con l'esperienza, ho imparato a tradurre nel loro vero significato. La peggiore: "Non ti preoccupare". Se la senti, preoccupati: subito. Poi c'è l'insidiosissima "Fidati" o "Dammi fiducia": chi ha bisogno di chiederla affidabile non è, vai tranquillo. E la quasi mistica "Io ci sono" o "Noi ci siamo" che associo all'immagine di qualcuno che mi volta le spalle, rapidamente. Se uno c'è, è perché lo dimostra con i fatti, non perché lo dice.

Ed è con i fatti che hanno parlato le prime quaranta aziende che nel 2006 hanno cominciato a finanziare il nostro primo progetto. La nostra prima vittoria.

Ero partito da qui, ovvio. Riguardava l'associazione di Castelfranco, cento ragazzi da seguire con disabilità varie, dall'autismo alla sindrome di Down. Stavano in piedi con poche migliaia di euro l'anno, con volontari affannati, emergenze continue, una fatica e un'incertezza da non credere. Ognuna delle quaranta aziende, da anni ormai, versa una somma fissa, ogni mese. "Imprenditori con il cuore nel sociale," come scriviamo noi. Queste cifre, che messe insieme diventano un importo sostanzioso, vengono girate all'associazione che cura e segue i progetti. E per l'associazione comincia una nuova vita: entrate fisse su cui contare, la possibilità di stipendiare dei collaboratori

– creando posti di lavoro – di noleggiare la palestra e organizzare corsi sportivi con docenti veri, di prendere un pulmino per portare i ragazzi sulla neve o al mare. Senza più dipendere da beneficenze sporadiche.

La Fondazione controlla e rende conto di ogni attività, tramite una pagina pubblica mensile per ogni singolo progetto. Sulle pagine, grazie a importanti accordi con quotidiani nazionali e locali, forniamo un continuo aggiornamento su quanti soldi sono stati raccolti, dove vanno a finire e sui nuovi progetti che si attivano. Pubblichiamo sempre anche i recapiti delle persone che amministrano i fondi, con nome, cognome e cellulare. Trasparenza. Diciamo soprattutto chi rende possibile tutto questo, inserendo i marchi delle aziende sostenitrici. Uno spazio che dice: questa è un'azienda sana, ha anche un cuore, sostiene il sociale.

La prima volta che ho consegnato l'assegno mensile eravamo tutti su di giri, una carica incredibile. E serviva, quella carica, per affrontare il lavoro che è venuto dopo. Abbiamo avviato altri progetti simili: due a Padova, due a Treviso, poi Vicenza, Brescia, Milano... ormai ce ne sono molti già attivi da anni e altrettanti in divenire, ciascuno con il suo gruppo di trenta, quaranta aziende che finanzia un progetto locale. E in questi mesi "diamo colore" a una nuova iniziativa: si chiama "Sporcatevi le mani". Abbiamo creato un programma di donazioni mensili anche per i privati. Cifre molto inferiori a quelle delle aziende, naturalmente. L'equivalente di una sera al ristorante. Perché davvero, ed è questo che mi fa impazzire se ci penso, al prezzo di una pizza si può salvare il mondo. A patto di organizzarsi bene.

"Sporcatevi le mani" vuol dire "Via dall'indifferenza". Vuol dire "Impegnati, sii presente". Il mio pensiero è stato: Andrea ha me, che posso dedicarmi a lui e creargli un mondo attorno. Quanti Andrea non hanno questo? E invece allungando una mano, tutti insieme, possiamo tirar fuori dalla solitudine tanti ragazzi sedati, rinchiusi, autolesionisti per disperazione. E ogni privato che partecipa viene informato, sia via email sia pubblicamente con le nostre pagine sui quotidiani, tutti i mesi. Sa dove va il suo contributo e cosa stiamo facendo. Si sentirà parte della nostra attività.

Se con trenta aziende finanziamo un progetto, lo stesso si potrà fare con trecento privati. Semplice. E possiamo così sostenere progetti in ogni comune in cui ci siano persone che si "sporcano le mani" con noi. Con le briciole di tutti, si riesce a dare una nuova visibilità al lavoro nel sociale: non solo volontari, eroi minori di una società indifferente, ma professionisti riconosciuti. Rendiamo questo lavoro indispensabile più redditizio e più visibile, una vera alternativa. Un volano di finanziamento che sopperisce alla scarsità di fondi pubblici. Basta fare i conti, d'altra parte, anche a spanne: ci vorrebbero due assistenti per ogni ragazzo autistico, e un migliaio di euro al mese per le medicine, le terapie, gli abiti, lo sport, le attività, la sopravvivenza. Se solo a Castelfranco ci sono cento ragazzi autistici, come fa il comune a trovare tutti questi soldi e stipendiare duecento persone solo per stare dietro a quei cento? E poi ci sono tutte le altre patologie e problemi. È impossibile. Questi sono i numeri di un piccolo comune, figurarsi Milano o Roma. Un'emergenza sociale che neanche triplicando le tasse potremmo affrontare solo con il denaro pubblico. È il sistema intero che deve cambiare. Tutti noi. Non solo a parole o con la commozione del momento, ma sporcandoci un po' le mani. È facile criticare le istituzioni, molto più difficile impegnarsi e cercare di fare meglio. Non ti piace come è gestita una scuola, una regione, un paese? Critica, se vuoi, ma poi fai qualcosa di buono. La burocrazia, l'ipocrisia, la voglia di evitare problemi sono la norma. Ma siccome io non so fare meglio dei politici, siccome non so scrivere leggi né programmi ministeriali, provo a dare il mio contributo. E comincio a svuotare il mare. Un bicchiere in meno, due bicchieri in meno, tre bicchieri in meno...

Questo è il mio sociale. Questo: non una lacrima e un obolo, ma un impegno.

È difficile. Non impossibile.

Si tratta di cambiare punto di vista. Che non è per niente facile, perché l'abitudine di fare le cose in un certo modo è dura da sconfiggere. Siamo in un mondo che corre, corre, corre e per cambiare la testa di tutti ci vuole tempo. Ma uscire dalla logica dell'emergenza non è solo necessario: è urgente. Basta con le cene, dove una sera si raccolgono fondi, chissà dove vanno, e fino al prossimo Natale nessuno ci pensa più. Usiamo pure gli eventi benefici, le donazioni via sms, per i terremoti, le alluvioni, le catastrofi da tamponare subito con un aiuto: ma non per il sociale.

Perché un sogno ce l'ho anch'io.

Che ognuno, invece di essere coinvolto nel sociale a caso – nel piccolo del privato come nel grande dell'azienda – si abbini a un progetto in maniera continuativa: l'autismo, la ricerca sul cancro, la malnutrizione, le malattie rare, non importa, qualsiasi cosa. Senza aspettare stato o chiesa.

Che ci sia, nel sociale, una mentalità imprenditoriale, possibilità di controllo, responsabilità: che tutte le persone e le aziende che contribuiscono abbiano la possibilità continua di verificare come e dove viene gestito il loro contributo.

Che ogni allenatore dedichi una giornata al mese a un ragazzo disabile. Che ogni artista, pittore, musicista, che ogni imprenditore o sarto, ogni artigiano o manager, ogni casalinga o impiegato, che tutti noi ci prendiamo un giorno al mese per condividere il nostro tempo e capacità con lui o con lei, donare amicizia, anche semplicemente andare insieme al cinema. Quel giorno al mese che risolve in un colpo solo tanti problemi dei ragazzi: il finanziamento dell'attività sportiva, un po' dell'inserimento in società, un po' del sostegno alle famiglie. E fra l'altro aiuta a ridimensionare i propri problemi, perché queste persone il problema ce l'hanno davvero.

Che ogni bambino, bambina, ragazzo, ragazza, ogni classe di ogni scuola abbia un'ora alla settimana di educazione al sociale, e un pomeriggio al mese da dedicare a un coetaneo disabile, sempre lo stesso. Creare legami, un'amicizia, una relazione, un impegno di vita.

Che ognuno di noi pensi trenta giorni al mese a se stesso, e un giorno, uno solo, a quelli che sono rimasti per strada e ci sono rimasti gratis, senza aver fatto niente di male, senza aver mai avuto una possibilità.

Che ognuno di noi dia le briciole dei suoi giorni a chi ne ha bisogno come il pane.

Allora avremo fatto l'unica rivoluzione necessaria. La nuova rivoluzione copernicana. Fare girare il mondo attorno alle persone.

Andrea (2009)

Io ho bisogno di voi. Diffido di miei gesti che non dicono chi sono, io vi conosco da lontano e resto fuori da vostre idee di ragazzo normale. Vi scrivo di me dentro una scatola piena che si apre con difficili gesti. Fare buoni movimenti non mi riesce facile come dirvi che non sono registratore rotto che ripete frasi senza tema.

Lite non voglio fare e non riesco a controllare mani che stringono, voglio dirvi di non ferirmi stando lontani per paura

Fragile mio cuore batte per amicizia

Porto richieste a tutti voi primo non ditemi sempre cosa non devo fare ma aiutatemi a vedere come muovere mio corpo

Gioco di mani serve non paura, io sento lo spavento

Non capisco i vostri gesti improvvisi

Lo dico subito intendo stereotipie con giochi di mani

Mentre sto solo più cresco e mi avvicino a ragazzo normale

Ricordate andrea in crisi sta da solo non cercatemi ho bisogno di spazio e tempo, grazie amici,

Andrea

Andrea (2013)

Alla luce del lavoro fatto in classe su *Se questo è un uomo* di Primo Levi, secondo te è importante ricordare quanto è accaduto e se sì perché? Rifletti e inizia a scrivere... Buon lavoro.

Essenziale è non dimenticare che la storia e la nostra Vita pagine di ricordi costruisconoo nostro futuro. Niente va dimenticato. Facile portare con noi memorie di eventi positivi difficile riflettere su momenti bui che come uomini onore non ci fanno.

Ho molto da imparare dalle righe di dolore di questo grande uomo che ci ha lasciato enorme eredità.

È vero, Primo Levi ci ha lasciato un'enorme eredità ma l'uomo continua purtroppo a fare del male ai propri fratelli ancora oggi. Secondo te questo da cosa dipende?

Uomo non è
Animale lo diventa
Se subisce
cattiveria altrui
Importante dico e distribuire
Amore unito a fiducia nell umanità

Andrea (2013)

Ciao Andre. la scuola è finita. Ora c'è il libro, la pittura, e la fondazione con papà... Come vedi il tuo futuro da adulto?

Il mio futuro e per tutti gli altri, voglio aiutare soluzioni per chi ha

Bisogno desidero trovare felice di sapere che sono un ragazzo fortunato che ha

Rappresentato un mondo speciale dell uomo diverso , opposto ma onesto.

Vedo così il mio vivere solo per dare.

Epilogo
Domani è ancora meglio

Tifo per te Franco

Andrea, 2012

È un brulicare di teste e borse straripanti, un turbinio di voci e di gesti, corse affannate, richiami, all'ombra dei grandi tabelloni. La cameriera della steak house porta il suo carico profumato all'ennesimo tavolo, due giapponesi litigano davanti a un espositore di sciarpe, un gruppo di ragazzi dorme accatastato per terra, vicino alle sedie. E in mezzo a questo caos colorato, come un'isola di silenzio che attraversa l'aeroporto di San Paolo, cammino io. Faccia da viaggiatore, un po' stropicciata, con la barba non fatta. Jeans strappati e maglietta da vagabondo che torna a casa. Zaino in spalla, passo lungo, un po' lunare, cuffie nelle orecchie. Sono come immerso in una bolla di esistenza parallela, isolato dalla gente che si affanna attorno a me, protetto dal trambusto di un mondo che appare irreale, separato da me e dalla mia sensazione di soddisfazione. Di possibilità.

Le scarpe da ginnastica del ragazzo che cammina rapido di fronte a me lasciano impronte bagnate. Ripenso alle due scarpe che passavano sulla corrente, lungo un fiume lontano chilometri e anni. Mi tornano in mente mille momenti, da quella sera in cucina e quella borsa bagnata sul pavimento: giorni di scuola e giorni di festa, giorni di disperazione e giorni di viaggio. E una frase di Andrea: "Sono un uomo senza scarpe". In che senso? "Senza futuro." E invece ne abbiamo fatta di strada, Andre. Ne hai fatta. Con le tue gambe.

Partenze, commerci, annunci, non sento niente. Sento solo un suono vago di futuro che vibra, dietro la canzone che a tutto volume nelle cuffie mi separa dal trambusto dell'esistente:

Butterflies, butterflies,
My heart will be the bridge
That you walk over.

Fine della vacanza, del piccolo spazio che una volta l'anno prendo per me. Si torna a casa. Torno al lavoro, torno da Andrea e sono carico, pieno di energia come lui si merita che io sia.

La Fondazione va bene, ma ci sono anche i momenti difficili, in questo periodo ci sono aziende che smettono di investire nel sociale perché hanno mandato in cassa integrazione gli operai: è un'eccezione, d'accordo, ma in un attimo un progetto che abbiamo costruito può trovarsi in pericolo.

Dopo il successo del libro, tra email e racconti delle persone alle presentazioni, mi sembra di conoscere più storie delle *Mille e una notte*. Molte sono simili, ciascuna è unica. Quando mi chiedono consigli mi sento piccolissimo: cosa posso dire a queste persone, per la loro fatica quotidiana? Ho conosciuto un bel ragazzo trentacinquenne con tre figli, tutti autistici, cosa potevo dirgli? Ho conosciuto un uomo la cui moglie voleva uccidersi, un altro che aveva pensato di uccidere suo figlio, cosa potevo dire loro? Forse le stesse parole che ha detto a me Nebo, il padre di Bogdan: "Hai novantanove motivi per essere disperato e uno per essere contento. Se sei disperato, è una questione di statistica: non preoccuparti e vai avanti". Ho avuto lezioni di vita straordinarie.

Dal canto mio ho cercato di indicare una mia strada, tra le molte o le pochissime possibili: togliamo la tuta a questi ragazzi, mettiamo loro i jeans e una camicia: facciamoli uscire dalla divisa dell'handicappato, dal cliché. Portiamoli fuori, a guardare le stelle, a nuotare: fuori casa, tra la gente, anche se è faticoso, anche se bisogna lottare contro l'ottusità e la vergogna.

Se potessi direi a ogni persona sensibile: fai così. Cerca il ragazzo più vicino a te. È lì, nella tua via, nel tuo palazzo, al massimo devi fare cinquecento metri. Scegli due ore alla settimana, quelle che vanno meglio per te, il sabato dalle 15 alle 17, la domenica mattina, una sera... Segnalo come un impegno al quale non si può fare torto. E a questo punto il più è fatto.

Le regole sono solo due. Primo: niente domande. Non chiederti cosa devi fare, o come devi farlo, pensa solo a donare il tuo tempo, la tua compagnia. Secondo: ricorda che capisce tutto. Anche quando non parla o guarda un punto fisso si rende conto di tutto, solo che non riesce a dirlo.

Così a lui darai la cosa più importante del mondo: la tua amicizia. E se riesci a essere costante e rimani al suo fianco, anche se a volte sembra tutto inutile, allora arriverà la "fregatura". Perché riceverai molto più di quello che dai: la ricchezza di vedere come attraverso i loro occhi tanti problemi quotidiani che ti assillano diventano di un altro colore.

Tengo sempre un pomeriggio libero per organizzare qualcosa di mio, un momento di festa, per ricaricare le batterie e poi poterci essere al cento per cento e trasmettere forza e allegria, Andrea ne ha bisogno, ma se sono esausto e frustrato da dove le tiro fuori?

Credo che le cose possano cambiare, se siamo noi a cambiarle. Un giorno invece di vergognarci proveremo tutti pena per quelli che non capiscono, che non accettano, che si arrabbiano: sono loro ad avere la disabilità più grave.

Credevo che "ama il prossimo tuo come te stesso" fosse un comandamento, ho scoperto che non lo è. Ma è la summa di tutti i comandamenti, è la chiave di tutto.

Abito sempre con Andrea, ormai è un po' come il mio socio. Ci scambiamo i vestiti: stesse scarpe, stessi jeans. Usciamo insieme, mangiamo insieme, andiamo in moto e in vacanza insieme... La sfida è sempre quella. Una vita.

La sera spesso ci facciamo un giro della piazza, per vedere chi c'è, fare serata. Magari ci mettiamo al bancone, strizziamo l'occhio a una ragazza, io gli chiedo: "Di quella cosa dici?". Poi riprendiamo la moto per volarcene via, verso qualche avventura, fosse solo un'ultima notte d'estate sulla pelle. Giriamo per le strade cantando a squarciagola, io a modo mio lui a modo suo.

Hai un momento Dio,
no perché sono qua, se vieni sotto offro io...

Da qualche anno i pasticci che Andrea faceva con i pennarelli sui muri di casa, combinando disastri, sono diventati un'attività vera, dipinge concentrato, con dei temi, con accostamenti di colore originali, vividi, significativi. Ora che ha fatto l'esame di maturità starà con me tutto il giorno a lavorare: voglio che si svegli presto la mattina, che abbia uno scopo e un ritmo nella sua giornata. A me quel ritmo ha cambiato la vita. Speriamo che cambi anche la sua.

Già, la maturità. Alla fine, le istituzioni si sono mostrate comprensive e ad Andrea è stato permesso di fare il tema, a modo suo ma come tutti. Ha scelto la traccia artistica: "L'arte in ogni sua manifestazione è la più alta espressione della creatività e della fantasia umana".

Ecco quello che ha scritto:

Guardare
Ammirare
Stare
In un'opera
E perdersi nell'uomo
Nella sua storia
Nel corpo della sua vita.
Uomo nasce per
Creare qualcosa
Di unico di bello per se
E per gli altri
Tutti siamo artisti della
Nostra esistenza.
Creare e
Lasciare il segno che ci siamo stati
Futuro e passato
Si uniscono nell arte eterna
Divine storie
Raccontate
Da umani
Capolavori aperti a
Tutti nessuno escluso
Perché l'arte
Non conosce frontiere aperta al mondo
Utile a noi indispensabile alla
Mia persona

E io? Io che fin da bambino mi immaginavo padre, io che buttavo monete nelle fontane chiedendo un figlio sano?

Io non sono cambiato. È cambiato l'impegno che mi anima, grazie ad Andrea e ai ragazzi come lui. Per questo non smetterò mai di ripetere che se facciamo *tutti* qualcosa staremo *tutti* molto meglio: ne ho le prove. Io mi sento migliore di prima.

Non ho più paure. Cosa potrei temere? Ho un figlio che sta crescendo e che farà questa vita, mi spaventa solo l'idea di morire prima di lui, ma la risposta a questo problema non esiste, è inutile tormentarsi: si può solo reagire.

Non ho pace, sono sempre alla ricerca: di nuove terapie, di nuovi metodi, di nuove possibilità per Andrea. Dai soggiorni in Brasile alla terapia in acqua, dal metodo comportamentale A.B.A. nel quale siamo immersi ora con ottimi segnali di cambiamento fino alle staminali. Non mi rassegno, non lasciamo nulla di intentato.

Non ho certezze, tranne la morte. Che poi non è la cosa peggiore della vita, né è l'ultima cosa. Non mi interessa sapere ora se c'è un aldilà, mi sembra una di quelle grandi domande planetarie inutili. Dove finisce l'universo? Cosa farà Andrea quando io muoio? Con questi interrogativi da cento milioni non si va da nessuna parte. Se c'è un *dopo*, quando ci arrivo faremo i conti. Se di qua faccio la mia parte, poi di là se trovo qualcuno o qualcosa ci spieghiamo, me la giocherò.

Non ho rimpianti: se non fossi entrato in banca e avessi invece girato due anni e mezzo il mondo, India, Africa, Cina... chissà? Non è un pensiero che mi rode dentro. Ne ho fatte un sacco e ora quel che resta è per Andrea. Certo, ci sono anche i miei desideri, un sogno mio che è sempre lì, qualcosa, qualcuno che vorrei per me. Ma viene dopo, come ormai *tutto* viene dopo.

Attraverso rapido, con il mio zaino in spalla, questo non-luogo che è l'aeroporto e sono gli ultimi minuti di pace prima di ripiombare nel tornado della vita quotidiana. Con le cuffie nelle orecchie mi sembra di essere sulla Luna, o in un film: intorno a me si muove la vita degli altri e io la vedo ma non la sento, avvolto dalla mia colonna sonora personale e dai miei pensieri. Adesso arrivo a casa e riprendiamo in mano le cose. Niente che non si possa risolvere. Come spesso mi accade, invece che parlare da solo parlo tra me e me con Andrea.

Be', Andre, ci manca ancora poco, dai. Dobbiamo solo continuare il viaggio nella tua vita sentimentale, nella tua sessualità, capire le tue emozioni, sfidare la tua solitudine, e poi organizzarci per quando non ci sarò più. C'è soltanto da cambiare l'umanità, ma cosa vuoi che sia? Saranno mica cose più forti di noi, no?

Dai, Andre, che domani è ancora meglio.

Andrea (2013)

Bravo Andre, ora vai libero, se hai qualcosa da inserire alla fine scrivi quello che vuoi, altrimenti usiamo la frase che hai già scritto. Grazie Andre, numero 1...

Puoi finire con quella frase io voglio dirti mio impegno nel Continuare a vivere al tuo fianco sicuro che non ci lasceremo in questo mio viaggio la morte non ci sconfigge ma ci lega.

Sì, ma quando non ci sarò più io o la mamma, ti devi arrangiare da solo, Alberto ti può aiutare ma ha la sua vita. Ti spaventa questo...

No io vi ho dentro tu non avere paura.

Vita dura io ho, evidente a tutti, io non lascio, e di aiuto i miei pensieri sono per chi legge e sa andare oltre e crede che non ci sia in ogniuno di noi un solo uomo ma diversi talenti, fermiamoci a guardare non con gli occhi ma con cuore.

Playlist

I versi citati alle pp. 14-16 sono da *Gianna*, di Rino Gaetano, dall'album *Nuntereggae più*, 1978;
a p. 37 da *Luna*, testo di Gianni Togni e Guido Morra, da *...e in quel momento, entrando in un teatro vuoto, un pomeriggio vestito di bianco, mi tolgo la giacca, accendo le luci e sul palco m'invento...*, 1980;
a p. 37 da Pink Floyd, *Another Brick in the Wall*, testo di Roger Waters, da *The Wall*, 1979;
a p. 45 da Bee Gees, *How Deep Is Your Love*, testo di Barry, Robin e Maurice Gibb, dalla colonna sonora di *La febbre del sabato sera*, 1977;
a p. 65 da *Ciao* di Vasco Rossi, da *C'è chi dice no*, 1987;
alle pp. 67-68 da *La vita mia*, testo di Amedeo Minghi e Vanda Di Paolo, dal recital *Forse sì musicale*, 1989;
a p. 94 da *Gli angeli* di Vasco Rossi, da *Nessun pericolo... per te*, 1996;
alle pp. 127-128 da *Niente paura* di Luciano Ligabue, da *Primo tempo*, 2007;
a p. 141 da *L'aquilone* di Vasco Rossi, da *Vivere o niente*, 2011;
a p. 150 da *Gli spari sopra* di Vasco Rossi dall'album omonimo, 1993;
a p. 169 da *Il centro del mondo* di Luciano Ligabue dall'album *Secondo tempo*;
a p. 177 da *Ho messo via* di Luciano Ligabue, da *Sopravvissuti e sopravviventi*, 1993;
a p. 178 da Vasco Rossi, *Sally*, da *Nessun pericolo... per te*, 1996;
a p. 196 da *Marlon Brando è sempre lui* di Luciano Ligabue, da *Ligabue*, 1990;

a p. 224 da *Butterflies*, di Natalie Imbruglia e Gary Clark, da *White Lilies Island*, 2001;

a p. 226 *Hai un momento, Dio?* di Luciano Ligabue, tratta da *Buon compleanno Elvis*, 1995.

Indice